zhongri hanghai wenhua gailun

中日航海文化概论

编 /　陶 金　周芷冰　高千叶

主审 /　韩 庆

大连海事大学出版社
DALIAN MARITIME UNIVERSITY PRESS

图书在版编目(CIP)数据

中日航海文化概论 / 陶金，周芷冰，高千叶主编.
大连 ：大连海事大学出版社，2024.6. -- ISBN 978-7
-5632-4558-1

Ⅰ.U675

中国国家版本馆 CIP 数据核字第 202450GN23 号

大连海事大学出版社出版

地址：大连市黄浦路 523 号 邮编：116026 电话：0411-84729665(营销部) 84729480(总编室)

http://press.dlmu.edu.cn E-mail：dmupress@dlmu.edu.cn

大连天骄彩色印刷有限公司印装   大连海事大学出版社发行

2024 年 6 月第 1 版   2024 年 6 月第 1 次印刷

幅面尺寸：184 mm×260 mm   印张：8.75

字数：213 千   印数：1～500 册

出版人：刘明凯

责任编辑：王桂云   责任校对：陈青丽

封面设计：解瑶瑶   版式设计：解瑶瑶

ISBN 978-7-5632-4558-1   定价：22.00 元

大连海事大学 2023 年度本科教材基金资助出版

《中日航海文化概论》
编写委员会

主　任　韩　庆

副主任　陶　金　周芷冰　高千叶

编　委　赵彦民　黄桂峰　徐秀姿

　　　　杨竹楠　刘孟洋　刘川菡

　　　　李　星　万丽鑫　路剑虹

序言

近年来,在新文科建设的大背景下,高校外语教学如何实现特色化发展、跨学科融合发展成为我国高等教育改革的新课题、新挑战。新时代的外语人才,不但要练就扎实的外语语言基本功,还应具备良好的中国文化、历史知识素养,具有立足于古今中外经济、政治、文化交流的广阔视野之中思考问题和解决问题的能力。中国和日本,两国隔海相望,文化交流的历史源远流长。两国人民在跨越海洋的阻隔,达成政治和经贸文化交流的过程中,创造了丰富而悠久的航海文化。如何从中日交通与航海文化的视角,解读中日关系史,成为本教材编写的初衷。

本教材由大连海事大学日语系教授陶金牵头策划,与周芷冰、高千叶两位青年骨干教师花费了近3年时间和心血编写而成。本教材是大连海事大学精品慕课、辽宁省一流线上课程"日语与中日航海文化"配套使用的教材。教材将中日航海交通与文化交流史相结合,按编年体顺序,系统梳理了古代、近代、现代中日航海交通、经贸、文化交流的概况,并有针对性地关注了中日两国的航海工具、航海技术、代表性的航海人物及其历史贡献等。

教材按照每学期32课时设计,全书共15课。其中第一课至第五课由陶金老师负责编写,第六课、第七课、第十三课至第十五课由高千叶老师负责编写,第八课至第十二课由周芷冰老师负责编写。本教材适用于日语专业本科生日本文化、历史、区域国别等相关课程的配套学习,亦可供日语专业研究生或广大日本文化、中日文化交流史学习者作为拓展阅读书籍使用。

在本教材的编写过程中,大连海事大学航海历史与文化研究中心专家韩庆教授、日本关西大学中日航运史研究知名专家松浦章教授对教材的整体构思、章节安排、内容选取等给予了专业性指导与建设性意见。大连外国语大学日本语学院副院长、博士生导师赵彦民教授、大连海洋大学黄桂峰副教授、上海海事大学徐秀姿副教授、广东海洋大学李星副教授参与了教材编写工作并提供了宝贵意见,大连理工大学刘孟洋老师、中国海洋大学刘川菡老师、江苏海洋大学路剑虹老师、大连海事大学杨竹楠老师、万丽鑫老师等青年骨干教师也参与了本教材的编写,付出了辛勤的劳动。在此表示深深的感谢。由于主编团队能力有限,书中尚存诸多不足和疏漏之处,恳请同行专家批评与指导。

本教材的编写得到以下项目资助,深表感谢!

(1)2023年度辽宁省研究生教育教学改革研究项目:涉海院校研究生联合培养特色课程体系与教材建设研究——以日语专业学位研究生培养为例。

(2)2022年度辽宁省普通高等学校本科教学改革研究项目:新文科背景下"日语+"特色课程建设与涉海类院校复合型人才培养的校际合作研究(项目号:辽教通〔2022〕166号-351)。

(3)2021年全国翻译专业学位研究生教育研究项目:MTI日语(笔译方向)特色化教学方法探索——以《航海文献翻译与研究》混合课程建设为例(项目号:MTIJZW202150)。

编　者
2024 年 3 月 1 日于大连海事大学

目录

第一课
海洋文化的内涵与交通史视域下的中日航海文化

核心知识点

1.海洋文化的内涵；
2.航海文化与航海活动的重要意义；
3.交通史视域下的中日航海文化交流。

导读

　　海洋文化，从字面上理解就是与海洋有关的文化，"就是缘于海洋而生成的文化，也即人类对海洋本身的认识、利用和因海洋而创造出的精神的、行为的、社会的和物质的文明生活内涵。"①海洋文化的本质，就是人类与海洋的互动关系及其产物。海洋文化包罗万象，人类在开发利用海洋的社会实践过程中形成的所有精神成果和物质成果都属于这个范围。

　　航海活动，是人类应用一定的水上运载工具，从海洋的此岸运动到彼岸的过程，是人类对海洋的需求度、驾驭海洋的能力发展到一定阶段的产物。人类的航海活动是内陆或沿海地区生活的人们为了更好地生存、获取更多的物质财富等目的，通过建造海上交通工具等方式完成的跨越海洋的行动，是人们驾驶船舶等沿海路由此岸航行到彼岸的过程。航海文化是人类在航海过程中创造和获取的物质财富和由此形成的精神财富的总和。

　　航海文化是海洋文化的重要组成部分。航海在活动性质、技术物质等因素方面具有广泛性与复杂性，人类航海历史的发展轨迹是始终与人类的文明活动紧密地联系在一起的，文化交流就是其中重要的一环。可以说，从人类开启航海活动的时候起，海洋文化就与航海活动紧密关联。航海活动由于具有跨海进行区域间移动的特质，因而让航海文化涵盖了更为丰富多彩的内容。因此可以说，航海文化是狭义的海洋文化。以广义的海洋文化的视角来界定航海文化，可以认为航海文化是海上交通文化的另一种表述方式。从交通史的视角来考察中日航海文化，可以看出因其发展的时代、地域、制度与人员往来交流形式等不同，表现出不同的文化特征。

---

①曲金良：《海洋文化概论》，中国海洋大学出版社，1999年，第7～8页。

一、海洋文化的内涵

所谓"海洋文化",一般是指人类利用海洋资源所创造的物质财富和精神财富的总和,以及人类为适应海洋环境所采取的生产生活方式。物质层面的海洋文化具有直观、实在等特点,易于为人们所认知、关注与理解,是海洋文化最基础的部分。除了与海相关的物质文化以外,还有非物质层面的海洋文化,即海洋精神文化。如人类在认识、开发利用海洋过程中形成的各种观念,包括对海洋的宗教信仰、海神崇拜、故事传说等,此外,与海相关联的审美情趣、民俗信仰、海民的性格特点、价值观特质,以及海洋题材的艺术作品、海洋科学哲理甚至伦理道德等,都属海洋精神文化的范畴。海洋文化,作为人类文化的一个重要构成部分和体系,就是人类认识、把握、开发、利用海洋,调整人和海洋的关系,在利用海洋的社会实践中形成的精神成果和物质成果的总和,具体表现为人类对海洋的认识、开发观念、思想、意识、心态以及由此而生成的生活方式①,包括经济结构、法则制度、衣食住行习俗和语言文学艺术等形态。

海洋文化至少包含以下三个层面的内涵。

第一,海洋文化是沿海族群进行海洋生产行为等直接的生存生产活动,并由此创造出与之相适应的简单的生产工具。在此,"渔猎"无疑是人类较早出现的海洋文化行为,"渔猎"泛指人类与海洋互动的一切渔盐之利活动。同时,滨海族群逐步发明了与之相适应的生产工具,甚至进一步发展了对海洋生物的"驯化"。在这一过程中,航海,是人海互动和海洋文化形成的必要前提。从远古的独木舟、羊皮筏到今天的游轮、潜水艇,本质上都是人类的生活空间从陆域迁往海洋、因航海需求而出现的工具。同样,从传统的渔盐之利到今天的海洋养殖、深海捕捞等经济行为都是海洋文化的核心内涵。如果我们将占地球总面积70%的海洋考量在内,那么,滨海族群自然享受着"舟楫之便",以海洋为通道,通过航海活动达成迁徙、货物交换,甚至移民都是常态了。

第二,海洋文化还包括海洋族群独特的家庭结构、社会组织,鼓励人们从事航海活动的生活习俗、生产习俗、审美习惯等。海洋的生产生活必然催生出与陆域农耕生活截然不同的家庭结构、社会组织。不能无视海洋族群生活生产的独特性,以农耕的视野"裁剪"式地审视海洋社会。海洋族群的社会组织中协作、互助的成分更多,"同舟共济"不仅是航海人员的行为准则,也是海洋社会的主要方式。海洋族群依海为生的生存方式造就了他们不同于农耕社会的家庭结构,比如男性或随渔汛颠簸在海上,或随季风贩货在异邦,从而确定了以女性为主体的家庭组织。女性既要"主内"也要"主外",海洋社会组织中,女性就有了很特别的地位。因此,在航海、捕鱼这种以男性为绝对主体的行为当中,行业神、保护神多为女神。

第三,海洋文化融开放、多元、共享、包容与拓展、竞争、强势甚至掠夺为一体。海洋文化,因为人类的航海活动实现了贯通与连接,不同区域与文化的交融,因而具有开放、多元的特质。航海文化孕育在一体化的海洋文化中,推动了不同区域文化间信息与海洋资源的共享,在具有包容性的同时,也隐含着扩张性,竞争与掠夺因而成为海洋文化一种潜在的发展模式。从长时

---

① 曲金良:"发展海洋事业与加强海洋文化研究",《中国海洋大学学报》(社科版),1997年第2期。

间段、全球视野来看,航海文化是一把双刃剑,"和平发展的海洋"与"掠夺扩张的海洋"相辅相成。在不同的时代,从不同的视角观察有着截然不同的意义。

总之,"海洋文化"是一个古老的人类活动系统,也是一个晚近的学术术语,"海洋"作为一个与陆域相对应出现的概念,具有其海洋特质,但同时海洋文化也与大陆文化密切关联。海洋文化是相对于农耕文化(土地文化、内陆文化)而言的,海洋文化因人类航海活动的开展而具有开放性、外向性、兼容性、开拓性等特点。

二、航海文化与航海活动的重要意义[①]

航海是人类拓展生存环境和加强相互交往的途径之一。迄今为止,人类的航海历史已有数千年之久。在探索广袤浩瀚、变化莫测、蕴含无穷危险和未知的海洋的过程中,人类形成了灿烂的航海文化。从古老的帆船到远洋轮船,从航海博物馆到各国航海日的设立,航海文化丰富多彩。它体现在有形的航海器物中,融合在航海人的行动中,渗透于各国的航海战略中,融合在各民族的文化中。

航海文化和航海活动二位一体、共生共存。航海者在漫长、曲折和充满风险的航海实践过程中,创造了丰富的物质财富和精神财富。这些物质财富和精神财富就是我们所说的航海文化。航海文化根植于航海活动当中,随着航海活动的产生而产生,并且随着航海活动的发展而不断积累。没有航海活动就没有航海文化。航海文化随航海活动的发展而发展,但也需要有意识的建设过程。客观来说,由于航海文化根植于航海活动中,所以,无论建设与否,它都是客观存在的,有了航海活动就有了航海文化。只是,在有意识地开展航海文化建设之前,航海文化是处于一种自发形成的状态,既包括优秀的、需要继续发扬的文化因子,也包括不符合时代要求的、需要抛弃的文化因子。而我们所说的航海文化建设,指的是建设优秀的航海文化,是在挖掘、总结原有航海文化的基础上,继承其精华,剔除其糟粕,吸收行业内外、国内外先进的价值理念,从而建设成为先进的航海文化,为航海事业的发展提供文化动力。

21世纪初叶,我国扎实推进海洋强国建设,将有力地推进中国现代化建设,推动中华民族实现伟大复兴。航海强国作为海洋强国战略的重要一环,事关中国现代化建设的战略全局,事关中华民族的前途命运,应该成为21世纪我国的国家战略。我们应该动员各方面的力量,全面落实和加紧实施建设航海强国战略,以建设航海强国战略的实施,促进我国的现代化建设,推动21世纪中华民族的伟大复兴。

航海强国的建设离不开优秀的航海文化。航海文化包含着航海强国的内在精神,是一个国家成为航海强国的内在动力和外在表现,是航海强国始终保持旺盛生命力的源泉。考察人类的历史就会发现任何一个航海强国都拥有着深厚的航海文化。近代历史上的英、美、日、俄等航海强国,之所以能在世界航运界发挥重大作用并产生广泛的影响,其深厚的航海文化是一个非常重要的原因。文化是经济持续发展的强大动力和保证,建设航海文化,通过航海文化的导向功能、凝聚功能、约束功能、激励功能,以统一、提升全体航海人的价值观,向全社会宣传我

---

① 辛加和:《航海文化》,人民交通出版社,2009年。前言部分,有删节。

国优良的航海文化传统和我国航海事业的辉煌成就,获得社会的广泛认同和支持,从而促进我国航海业的发展,这既是贯彻落实航海强国战略的必然,也是实现国家战略的重要条件。航海文化的建设是一个复杂、持久的工程。航海文化是无数代航海人在长期的航海实践中创造的物质财富和精神财富的总和。航海文化的建设,需要持续深入推进,需要深入开展理论研究和实践总结,需要实现理念的升华与价值的彰显,需要通过文化建设来大力提升航海人的素质、全面促进航海业的发展。

三、交通史视域中的中日航海文化交流

中国和日本隔海相望,自古以来,航海活动就是中日两国之间政治、经济、文化不可或缺的交流方式。从总体来看,从古至今,伴随着中日间的海上交通与航海事业的发展,文化交流大体呈现出在接触中传播、在交往中融合、在学习中互鉴、在竞争中合作的发展态势。从海上交通史的视域中考察中日航海文化发展的历史过程,可以开启中日文化交流史研究的全新视角,也是解读中日历史与现代发展的必经之路。

早在新石器时代,当时的中国先民已懂得了"木浮于水上"的道理,开始应用石斧、石锛等工具制作独木舟,并有了早期的海上航行活动。到了商周时代,便已出现了木板船和帆。据学者考证,这一时期,中国沿海地区的先民已经有远洋航海的可能性,可能漂流到日本列岛、朝鲜半岛等地区,但这一时期的航海活动是依赖于海流走向的单向漂流。春秋战国时期,中国社会生产力与生产技术得到了进一步提高。木板船的结构更复杂,承载货物的能力也增大了。到了秦代,航海技术经过长期的实践与积累,已开始在天文定向、地文定位、海洋气象、海上导航等诸方面初具雏形,中国海民在海洋上航行已经具备基本的物质和技术条件。文献和传说中记载的秦始皇派徐福船队探寻海上"三神山"寻仙求药的出海航行,亦可以理解为一种中国最初的有计划、有组织的远洋航海探索活动。早期渡日移民,为日本带去了中国先进的技术和文化,也是从这一时期开始,中华文化开始源源不断地对日传播。尚处于文化蒙昧期的日本,也正是得益于与从中国渡来人的接触,借助他们传播的先进生产知识与技术,迅速完成了由部族社会向农耕社会的转型,进而飞跃性地实现了最初的文化启蒙。

两汉时代,我国造船技术和航海技术相对较高。随着近海与远洋船只向大型化发展和人们对海域季风规律的认识,中国古代航海史进入了蓬勃向上的发展时期。中日之间,已经可以沿海岸进行远程航海活动。由朝鲜半岛渡日的"海北道中"航路、"北路北线"成为汉代主要的中日航海路线。

三国、两晋、南北朝时期是中日航海事业的发展期。尽管这一时期战乱频仍,中日之间的海上交往曾因战事一度中断,但民间交往的需求很快促进了航路与交往的恢复。特别是到了两晋、南北朝时期,中国与朝鲜半岛诸国、日本列岛以及海南诸国的航海交往日益增多,渐趋频繁,并取得了若干重要的进展。中日之间的海上航路较之两汉与三国时期的"北路北线"有了新的发展,出现了"北路南线"。借助航运交通条件的发展,隋朝时期,日本开始派遣隋使漂洋过海,到中国学习先进的制度和文化,中日海上通道开启了日本直接、主动向中国汲取先进文明的大门。他们不仅通过中国学习佛教和儒教等文化,也对中国的政治、经济、军事等方面都

有了全面的了解,由此开辟了中日关系史上的新时代,为后来长期、连续派遣遣唐使奠定了基础。

唐代中国,进入封建社会盛期。社会生产力有了很大发展,科技文化全面繁荣,国际交往十分频繁,这一切推动着中国古代航海事业进入了繁荣时期。当时,中国海船工艺技术先进,海船结构坚固精良,载重吨位大,无论在近海与远洋航行方面,均独步于世界航海界。在北方航路上,与朝鲜半岛、日本列岛的交往非常频繁,并开辟了西北太平洋上的堪察加与库页岛航线以及横越东海的中日南路快速航线;在南洋与印度洋航路上,海上丝绸之路全面兴旺,航迹不但遍及东南亚、南亚、阿拉伯海与波斯湾沿岸,而且已伸展至红海与东非海岸,开辟了直接沟通亚非两洲的长达1万多海里的世界性远洋航线。从当时的中日航海条件来看,不但船舶制造技术不断改进,人们还能够综合考虑季风等气象因素,跨越黄海、东海的阻隔,推进两国政治、经济、文化的深入交流。这一时期日本曾大规模派出遣唐使团,遣唐使们一般通过传统的北线航路或新辟的南线航路抵达大唐或返回日本,虽尚不能熟练规避航路风险,但他们不畏惊涛骇浪,远渡重洋抵达中国全面学习中华文化的壮举,不但在中日文化交流史上书写了灿烂夺目的篇章,在中日航海史上,亦画出了浓墨重彩的一卷。

到了宋元时期,中国的航海事业呈现全面上升的势头,进入长期活跃的全盛时期。在这一时期中,宋元历届中央政府力主积极的航海贸易政策。航海工具,特别是航海技术取得了具有世界意义的重大突破,以罗盘导航、天文定位与航迹推算为标志,中国的航海技术比西方领先2~3个世纪进入"定量航海"阶段。中国的古代航海业突飞猛进,活动范围空前扩大,舟帆所及几乎可达西太平洋与北印度洋全部海岸,与朝鲜、日本、东南亚、南亚、西亚、东非、北非等广大区域的海上交通呈现出一片繁忙景象,国内各主要海港日益发展繁荣,著名的刺桐港(今福建省的泉州港),已成为当时世界上最大的国际贸易海港之一。从中日航海事业发展来看,北宋的赴日商船已经对季风、航路等有了较好的把握,凭借积累的丰富航海经验安全、便捷地往返于中日之间,这一时期较多利用南线航路,从江南两浙地区出发,最快一周内即可抵达日本。很多北宋商船甚至绕过博多港,深入日本海港口开展贸易。北宋时期,日本主要是藤原氏贵族执政,采取了严禁国民渡海的保守的锁国政策。但是,日本政府对待外来宋船持欢迎态度,因此这一时期主要是宋船频繁出海到日本进行贸易。精美的中国货物得到了日本贵族和民众的欢迎,中日间贸易活动十分繁盛。中日之间虽未正式国交,但有赴日商船捎带皇帝书信、礼品等交往,且日本也有多位名僧赴中国学佛。

南宋时期,中日航运贸易的进一步发展得益于北宋时期的积累。南宋年间,日本政府开始重视中日贸易,开设了接待宋船的港口、招待宋商的别墅等,南宋商船能直接驶入濑户内海,停泊在京都附近,中日海上商贸往来进一步繁荣。平清盛在日本确立了武士政权之后,转为推行积极鼓励民间航海的政策。日本商船开始频繁到达中国开展贸易,南宋方面则积极接待日船,甚至设宴慰劳、赈济钱米助其返航。此时的日本经过长期吸收中华文化,已经结合日本工匠精湛技艺,研创出具有日本特色的精美货品,用工精巧的日本商品也受到了中国文人阶层的欢迎。在民间商贸蓬勃开展的基础上,中国先进的建筑、纺织、医药及种茶、茶艺等源源不断传入日本,对日本的经济文化生活产生了深远的影响。

元代时期,中日之间的海上交往,虽然曾一度发生过元日海战,但战争平息后,中日民间商贸往来呈现出反弹式复苏发展。元代中日双方政府对正常的航海贸易都采取较为积极的合作与开放态度,睦邻友好的经济贸易与文化交流仍是中日关系的主旋律。从航海技术情况来看,中日之间能够把握定期的季风规律通航,贸易大多利用南路航线,通过对"大汛""小汛"等季风航海知识的灵活运用,日本商船频繁抵达中国,积极开展贸易,日船甚至可以实现在中国停留3个月即顺利返航,利润甚为丰厚。经过了宋代繁荣的经贸往来与物工技艺层面的交流融合,得益于便捷的海上交通条件,元代众多中国、日本的僧侣往来于中日之间,僧侣间关于佛学、儒学、文学、书法、绘画等方面的交流逐步深入,进一步促进了中日文化的多元融合。

明代开始,中国的造船与航海技术经过长期的发展与航海实践,已处于世界领先地位。历史上由于季风、海流等自然航海条件造成的航海活动受限等问题,已经可以凭借丰富的航海知识与经验有效解决,加之海上贸易的丰厚回报率,民间航海贸易具备了比历史上任何时代都更具优越性的主客观条件。然而,明政府为了巩固统治,涉海活动等采取了直接管控的措施,对民间私人航海贸易活动也开始采取严厉的海禁政策。日本被纳入明朝的册封体系当中,开始了日本向明朝朝贡时期,勘合贸易成为这一时期中日航运贸易的主要形式。宁波争贡事件后,勘合贸易亦被禁停。但明政府的严格管控未能限制两国人民强烈的通商需求,中日之间开始了民间的"海上贸易"时期,倭寇之患由此伴生。清朝政府最初延续了明代的海禁政策,后颁布"展海令",强烈的中日贸易需求促使赴日商船数量急剧增加。宽永年间,日本德川幕府颁布"锁国令",前往日本的中国商船被限定在长崎港停泊,中日贸易进入长崎贸易时期,开始了以长崎为中介的中日通商与贸易活动。

明清时期,由于海禁、锁国等严格限制航海活动的官方禁令控制,中国长期以来蓬勃发展的民间航海事业受到了挫折和压制。但在宋元丰富航海遗产和历史惯性的有力推动下,明代统治者出于巩固自身统治、扩大国际影响、满足物质享受的需要,曾先后派遣郑和率领当时世界上最庞大的官方远洋船队七下西洋,遍访亚非各国,从而将中国古代航海事业推到前所未有的巅峰时期。中日之间的海上贸易与文化交流,进入了深化期。明代勘合贸易、民间走私贸易以特殊的形式在中日航海贸易史上画上了具有浓重时代特色的一笔,清代的长崎贸易在古代中日经济交流史上,更是贸易规模最大的时期。明清时期中日贸易对日本的经济产生了很大影响。除了经济贸易往来之外,文化交流较前期也更丰富多样。不但商品样式增多,思想文化等精神层面的交流也愈发受到重视。通过海上贸易,日本不但从中国大量输入丝绸、纸张、瓷器等生活用品,儒学典籍、佛经、小说戏曲、书法绘画、医术药材等也源源不断进入日本,不但丰富了日本人民的物质生活,也影响了他们的精神文化世界。汉籍在日本的广泛传播,也使得日本对中国有了更多的了解,并以中国为媒介接触到了西洋的技术知识。日本对于中国文化采取了接纳融合、取舍重组的态度,在充分吸纳中华传统文化精髓基础上也不排斥积极摄取西方文化新成果,由此衍生出了融汇东西且不失日本本土特色的东洋文化。东西方物质、精神文化养料经由海路贸易传输,通过开放的长崎港进入日本并被接纳与融合,为后来日本"明治维新"提供了多方面的物质、精神条件,日本本土文化与外来的东西方文明互鉴的过程,成为日本向近代化社会转型的重要准备,也正是得益于这样的开放与积累,日本一跃成为亚洲最早的近代化国家。

19世纪以后,随着西方势力的侵入,中日之间的航运与贸易形式、交流活动都发生了很大的变化。如前所述,17 世纪到 19 世纪,中日海上贸易的主要形式是中国商船到长崎开展贸易活动,江户时代的日本人把这些中国商船称作"唐船"①。19 世纪前半叶,英国轮船来到广州,在中国引发了水上交通工具的变革。其后,欧美船只开始悄然出没于中国大陆沿海、长江流域至汉口航线上。1853 年,美国佩里舰队抵达日本浦贺港,这是轮船在日本的首次亮相,同时标志着日本锁国时代的结束。翌年,日本港口也出现了大量欧美船只。随着 19 世纪欧美列强入侵亚洲,抵达中国和日本的西洋式帆船逐渐为轮船所替代。② 在此大背景下,中日交流也开始步入轮船时代。

幕末明治初期,美国、英国、法国的轮船公司曾围绕中日航线展开竞争。明治维新后逐步完成近代化社会转型的日本,迫不及待地希望在中日航线开辟和对华贸易中抢占优势地位。同时,在中国方面,内忧外患的晚清政府为情势所迫,1872 年,成立了由李鸿章督办的股份制企业——轮船招商公司,后更名为轮船招商局,这是中国首家近代轮船航运公司。1875 年,日本政府授意三菱邮船会社开设连接横滨、神户、下关、长崎和上海之间的航线,开辟了近代日本最早的海外航线。同时,中国的轮船招商局也力图开辟日本航路,但因日方阻挠而不得不放弃。③ 日本"三菱邮船会社"后发展为"日本邮船会社",其开辟的航线也成为此后中日之间的主干航线,这条由日本邮船会社开辟的上海定期航路成为近代中日交流的重要渠道。

从文化交流情况来看,历史上日本留学僧、留学生远渡重洋学习中华文化的情景在这一时期发生了逆转,清末赴日留学的人数激增,掀起了学习近代日本经验,以变法图兴的热潮。从中日航海史发展的状况可知,日本在长期的对华贸易与交往中积极吸纳与融汇了传统的中华文化,在江户时代通过长崎港积极输入与消化吸收了以"兰学"为代表的近代西方文化,又经历了明治维新后的发展,国力日强,东西方文化也在日本完成了社会容受与"再生"。而晚清中国,国力贫弱,清代知识分子看到了因清政府的懦弱而导致的国势衰微,也开始瞩目近邻日本不断强大的发展态势,效法日本、变法维新成为具有时代性的共识,清政府为缓和国内矛盾,也提倡鼓励赴日留学。于是,"再生"性的、具有日本特色的近代文化知识,通过赴日中国留学生传播回中国,中日文化交流进入了日本对华的文化回流期。在这一时期,由于汽船等航运手段的便利,大量留学生到日本留学,中国留学生最多时一年赴日 8 000 人以上,乃世界各国留学史上罕见。这些留学生将日本已经转化完成的近代化成果通过学习、翻译、转述等方式传播回中国,很多留学生通过了解和学习日本近代社会文化与制度,回国后积极投身到推动中国的近代化国家转型和建设的事业中。这种近代日本文化回流中国的现象,对中国社会近代化以及中日两国的文化交流意义深远。

新中国成立以后,党和政府非常注重航运事业的发展,航运业在我国的社会主义建设事业中发挥着越来越重要的作用,中日两国的航海事业迎来了新的时代。新时期中日之间的交通手段虽不再局限于海路,但海上货运仍是中日大宗货物贸易运输的主力军。不仅如此,海上外交与法规制定、海洋开发与港口建设、环保合作与商贸旅游等,也成为具有新时代特色中日航海文化建设的重要内容,在竞争中求超越,在合作中求发展,成为新时代中日航运经济发展与

---

① 松浦章:《江户时代唐船による日中文化交流》,思文阁,2007 年,第 11~16、345~361 页。松浦章著,张新艺译:《清代帆船与中日文化交流》,上海科学技术文献出版社,2012 年,第 5~9、247~258 页。

② 松浦章:《近代日本中国台湾航路の研究》,清文堂,2005 年,第 1~28 页。

③ 松浦章:"清国輪船招商局の日本航行",《関西大学東西学術研究所紀要》,第 39 辑,2006 年,第 1~48 页。

航海文化建设的新思路。

从先秦时代到 21 世纪的今天,以和为贵、兼容并包、互学互鉴的海洋文化精神一直推动着我国航海事业的发展。中华民族在数千年的历史发展过程中不仅创造了灿烂的陆地文化,同时也孕育了辉煌的海洋文化。中日两国隔海相望,历史上跨越海洋实现的经济文化交流,已经成为世界航海文化史上光辉灿烂的一页。2013 年,习近平主席分别提出"丝绸之路经济带"与"21 世纪海上丝绸之路"倡议,这不仅是我国经济发展国际化的新模式,更是各个涉海领域发展的新动向。2015 年,我国发布《推动共建丝绸之路经济带与 21 世纪海上丝绸之路的愿景与行动》,提出的目标是:"以港口为基点,建设通畅的海上丝绸之路、高效的水路运输通道与安全的海洋航线。"港口与海洋航运安全问题成为"一带一路"背景下的新焦点。2019 年 4 月 23 日,习近平主席提出关于"构建海洋命运共同体"的倡议,深化了"人类命运共同体"思想的具体内涵。在"海洋命运共同体"这个大家庭中,不仅是中日两国,东亚地区乃至整个世界,都因海而连结,与海洋同呼吸共命运。

21 世纪是海洋的世纪,是"蓝色经济"的时代,中日两国作为近邻,更应该发挥战略伙伴的作用,互联互通,进一步加强海洋文化交流,捍卫海洋的环保与安全,中日携手推动东亚地区乃至世界海洋经济的持续发展。

课后练习题

一、填空题

1. 海洋文化的本质是_____和_____的互动关系及其产物。

2. 航海活动是人类应用_____,从海洋的此岸运动到彼岸的过程。

3. 航海文化的定义是_____和_____的总和。

4. 从交通史的视角来考察中日航海文化,可以看出因其_____、_____、_____与_____等不同,表现出不同的文化特征。

5. 根据材料,狭义的海洋文化指的是_____。

二、判断题

1. 海洋文化是人类在海洋上创造的物质财富和精神财富的总和。 （ ）

2. 海洋文化不包括与海洋相关的非物质层面的内容。 （ ）

3. 航海是人类拓展生存环境和加强相互交往的唯一途径。 （ ）

4. 航海文化的建设是一个复杂、持久的工程,需要深入开展理论研究和实践总结。 （ ）

5. 航海文化是航海强国的内在动力和外在表现,是航海强国始终保持旺盛生命力的源泉。

（ ）

三、思考题

结合以下内容,谈谈你对中日航海文化建设的理解。

新中国成立以后,党和政府非常注重航运事业的发展,航运业在我国的社会主义建设事业中发挥着越来越重要的作用,中日两国的航海事业迎来了新的时代。新时期中日之间的交通手段虽不再局限于海路,但海上货运仍是中日大宗货物贸易运输的主力军。不仅如此,海上外交与法规制定、海洋开发与港口建设、环保合作与商贸旅游等,也成为具有新时代特色中日航海文化建设的重要内容,在竞争中求超越,在合作中求发展,成为新时代中日航运经济发展与航海文化建设的新思路。

四、论述题

结合教材内容,自主查找并阅读相关资料,阐述"构建海洋命运共同体"倡议提出的背景、意义,谈谈你对实现这一倡议的理解。

第二课
中日早期交通航线的形成与中华文化对日传播

核心知识点

1.中国早期对日航海活动；
2.中日早期航海路线的形成；
3.徐福与秦汉时期中国的对日航海；
4.汉代中日海上交通与航路形成。

导读

中日早期海上航路的开辟,是中国最早的对外航海成果之一,也是古代中华文明对日传播的重要海上通道。从史料与考古角度查考,中国对日本的航海活动,至迟在春秋战国时期已经开始。最初的中国移民抵达日本通常以朝鲜半岛为中介点。从朝鲜半岛东南部启航的"日本海回流"航路与"海北道中航路",是中日之间最初较有代表性的海上交通路线。秦汉时期,传说中的徐福率船队东渡日本,是中国早期大规模渡日移民的代表性活动。据考古证实,汉代中日两国已经有了一定的海上交通往来,循辽东半岛、朝鲜半岛,经"海北道中"航路跨越黄海的北路北线是中日之间主要的交通航线。

一、我国早期对日航海活动

据考古和史料记载,在春秋战国时期,山东半岛沿海居民探寻"三神山"的活动,其航行背景很可能就是我国对一衣带水的朝鲜半岛以及日本列岛进行的远洋交通。由我国山东半岛与黄、渤海沿岸去朝鲜半岛的海上航行,从考古发现分析,可推溯至新石器晚期。春秋战国时期,人们已经了解朝鲜之地域所在,同时,随着朝鲜半岛沿岸航迹的延伸,当时中国人已航至朝鲜半岛的南部与东南部。在朝鲜半岛南部的考古资料方面,也多次发现具有中国战国时代文物特色的铜铎、铜剑等实证,说明了当时的航海者完全能够来往于黄海两岸。随着中国海船到达朝鲜半岛南部和东南部,跨海去日本列岛亦非难事。《山海经》中记载:"盖国在巨燕南,倭北。倭属燕。""巨燕在东北陬。"按前人考据所见,盖国即盖马县,属东汉玄菟郡,在高句丽盖马大山之东。由此可知,春秋战国时期,人们已知倭与朝鲜半岛的位置关系,而"从朝鲜半岛到倭的地方一带,被认为是属于燕的势力范围"①。

当时,有些苦于战乱兵祸的北方沿海居民纷纷以朝鲜半岛为中介点,渡海至日本列岛,并带去先进的金属文化与水稻种植技术,使处于石器时代并过着原始渔猎生活的日本开始"从绳文式文化的长期缓慢发展中摆脱出来,向着使用金属工具和进行水稻种植的弥生式文化的飞跃转变"。从考古发掘所见,在日本备后国三原町附近和邑久郡等地发现了战国时期的中国铜剑和燕国的明刀钱、安阳布等;在日本本州岛西岸的山阴、北陆地区发现了不少与中国先秦古钟类似的祭祀器具铜铎;在北九州沿海地区发现了一些富于中国特色的铜剑、铜铎等,而相仿的文物在日本对邻的"海北"(即朝鲜半岛南部)也屡见不鲜。这就充分证明,至迟到战国年间,不少中国人已抵达日本,并在那里定居繁衍,成为日本史学家所谓的"铜铎民族""出云民族"或"天降民族"②。

二、我国早期对日海上航线的形成

从中国古代文化在日本列岛的传播态势,可以推知春秋战国时期,以朝鲜半岛为中介点的渡日航路。其中,由朝鲜半岛南岸古代辰韩之地(今庆尚南)至日本本州岛西岸山阴、北陆地区的日本海左旋海流航路,就是当时主要的海上航线之一,亦称"日本海回流航路"。辰韩与山阴之间有浩瀚的海洋相隔,远在航海技术尚不成熟的时期,船舶尚为独木舟,看似两地无法通过海路联络。但事实上,日本海因利曼海流(沿间宫海峡南下的寒流)和对马海流(由对马海峡进入日本海的暖流)的对流之力而形成一股左旋回流,由辰韩之地出发的船只可以经由此航线顺利到达日本山阴、北陆地区。反之,若由山阴、北陆地区向辰韩反向而行,则需逆此流而上,以当时的造船技术和航海水平,很难克服此回流的阻力顺利到达辰韩。因此,这条航路只能是自然漂流的单向航路,只能来而不能回。严格意义上讲,这条航线并不能称得上真正的往返自如的航海路线。然而,在造船和航海技术尚不发达的时代,此种利用海流的自然航路却是由朝鲜半岛可以抵达日本的最便利的航路。日本最早的古文献《日本书纪》所载"素盏呜尊以植土作舟,由新罗曾尸茂梨波海至出云"及《古事记》所载"少名毗古那神从波穗乘天萝摩船至出云御大之御前",传说中的航路正是这条日本海左旋海流航路。它在造船术与航海术较为落后的远古时期,是沟通朝鲜半岛与日本列岛的最古老、最方便的航路。另一条航路则是从朝鲜半岛南部的弁韩和辰韩出发,中经对马、远瀛(今冲之岛)、中瀛(今大岛),到达筑前胸形(今北九州宗像)的横渡朝鲜海峡航路。《日本书纪》中,将之称为"海北道中"或"道中"航路。朝鲜在日本九州、四国和本州西南部之北,故日本人很早就称朝鲜为"海北",所谓"海北道中"就是通往海北朝鲜的航路。《日本书纪》中有关于天照大神之弟素戈呜尊去新罗的传说,《日本书纪》《古事记》和《播磨风土记》(也称《风土记》)是由元明天皇命令编撰的文献,是记录日本古代各国文化和地理的一部书,包括地理、历史、农业、神话与民俗的丰富资料。《播磨风土记》是《风土记》中至今仍以比较完整的形式传承下来的部分。其中也有关于新罗王子天日矛渡入日本的传说。《日本书纪》等书中记有关于海神、海神国的神话故事,据考证海神国曾占据"海北道中"航路要冲的博多湾沿海地区。彦火火出见尊,即神武天皇的祖父曾到海神国获得宝器,并纳海神丰玉

---

①藤家礼之助著,张俊彦等译:《日中交流二千年》,北京大学出版社,1982年。
②粟山周一:《日本阙史时代研究》。

彦之女丰玉姬为妃等,这些神话传说也间接透露了这条航路的存在。往返这条航路必须横渡平均流速为1至1.5节的对马海流,而冲之岛至大岛的海上跨距约为35海里,克服海流阻力自由往返,需要有一定水平的航海技术。按我国春秋战国时期的造船与航海水平来推测,后期此航路应为连结中国与日本的主要海上纽带。

此外,还可能有一条从朝鲜半岛南岸,经对马、壹岐,到日本北九州末卢(今肥前松浦)的航路,但这条航路从文献记载上看,始见于三国时代魏国与倭女王卑弥呼通好时期。但从考古角度观察,迄今为止尚未在壹岐与松浦两地发现足够数量的铜剑、铜铎遗存①。结合航海技术等条件来判断,在春秋战国时实现此线航行的可能性较小。

总之,中国对日本列岛的海上交通,至迟在春秋战国时代已开始进行。但是从史料与考古角度观察,当时的这种航海关系还是比较原始的。首先,这种航海活动主要是从中国前往日本,是单方向的。其次,赴日的中国航海者大都是自发的、无组织的民间私人或小集团。最后,航海性质大都为自然漂航,成功率较低。

三、秦代徐福东渡及其航路推考②

到了秦汉时期,中日之间开始出现了有一定规模的航海活动,其中不少是利用了当时航海新成就,有目的、有组织、有计划地进行的。秦汉时期的中日海上交往,在古代文献与文物发现中也有较为明确与可靠的历史佐证。因此,可以认为,发端极早的中日航海活动,在历经了漫长的原始与幼稚的探索阶段后,到秦汉时代已基本成熟。传说和史料记载的徐福率船队东渡日本,就是这一时期较有代表性的航海活动之一。

徐福,又名徐市(fú),秦代方士,曾受秦始皇之命率船队入海寻长生不老之仙药。关于徐福是否确有其人、其身份和其是否到达日本的问题,学界争论不一。但综合中日之间地理条件、海洋条件、秦代中国航海工具与航海技术水平等因素,结合考古学成果,对该时期的中日航路和徐福船队航海路线做推测的话,可做如下推论。

1.徐福船队的起航地点——琅琊

据司马迁《史记》所载,徐福两次入海均是在琅琊向秦始皇提出申请的。鉴于琅琊自春秋起即是山东半岛东岸的主要大港,而秦始皇执政时又多次巡游该处,并刻意扩建港城,因此有理由认为琅琊是徐福船队的起航地点。

具体而论,徐福受命征调船只的港湾推测有可能是琅琊台所在的琅琊山附近的利根湾。琅琊山在今山东省黄岛区南境,东临黄海,下有港湾。早在越王勾践徙都琅琊时,即"立观台以望东海";秦始皇时,又"立层台于山上,谓之琅琊台,孤立众山之上"③。徐福船队受命入海求神山,秦始皇很有可能即立于此台而观望远航船队出发的盛况。同时,琅琊山畔的利根湾也是很适合徐福船队集泊起碇之场所。该湾湾口介于大珠山咀与斋堂岛之间,口向东南敞开,宽约

---

① 木宫泰彦著,胡锡年译:《日中文化交流史》,商务印书馆,1980年。
② 本节关于徐福船队出海港口、航路的内容主要依据孙光圻《中国古代航海史》中依据海域、海流等地理条件、船舶发展与航海技术条件做出的推定性观点编写。另有学者如李国栋从考古学、民俗学视角对徐福身份、出海集结地点等做出考察,推定出海集结地点为浙江省慈溪市凤浦岙的岙底徐村。具体参见:孙光圻:《中国古代航海史》,海洋出版社,2005年,第117~124页;李国栋:《中日远古非文字交流研究》,上海交通大学出版社,2021年,第176~190页。
③《史记·秦始皇本纪》,《括地志》注。

6海里。湾内水深5至14米,泥及泥沙底,可避偏西及偏北风。另大珠山咀西侧水深5至10米处可避北风,为船舶避风集泊之良佳锚地。徐福船队由琅琊山利根湾出发,即可沿岸北上,进入灵山湾,该湾水深5至12米,泥底,湾口向东南,宽约13海里,其东南方有灵山岛作屏障,能避北至西及西南诸风。船出利根湾后,若顺利,就沿岸北上,若万一有事,即可在灵山湾内抛锚休整。所以,该起航点是颇为相宜的。

2.关于涂福船队的"五段航路说"

(1)第一段航路:琅琊港—成山头—芝罘港

徐福船队起航后,就秦代航海能力,必然是取沿岸北上的航路,先经由灵山湾、胶州湾,再折向东北抵达山东半岛东端成山头。这一线沿岸山脉连绵,山峰众多,陆标导航与定位目标明显,水中暗礁与危险物较少,且多小湾,随时可作避风锚地,航行较为安全。船队到达成山头水域后,以东航直驶朝鲜半岛西岸。但从成山头至朝鲜半岛最西边的白翎岛的海上跨距达105海里,在此连线间的黄海水域终年有南北流向的海流,流速为0.2至0.6节不等,对东西向航船影响甚大。秦代航海尚属沿岸航行水平,无论在驶帆技术与定位导航技术上,均不足以横渡如此宽阔、且海流与航向基本成垂直角度的海域。至于中国与朝鲜西岸之间的横越黄海航路,从史料记载来看,要迟至南北朝时期才出现。因此,可以推定,徐福船队至成山角后,必然向西航行,沿山东半岛北岸,驶达另一个古代大港芝罘。这段西行航程中,海岸曲折,天然港湾及避风锚地众多,水脉多逼近海岸,陆标清晰。芝罘湾三面环陆,多有锚地,亦适为船队集泊休整。徐福船队这第一段航路,正是春秋战国以来的环山东半岛的传统航路。

(2)第二段航路:芝罘港—蓬莱头—庙岛群岛—辽东半岛南端老铁山

徐福船队前往日本,既然受制于当时航海水平无法横越黄海东驶朝鲜半岛,则必然取纵渡渤海海峡的航行路线。这第二段航路,首先是从芝罘港沿山东半岛北岸驶达蓬莱头。这一线海岸曲折,除八角、龙洞咀、低角、蓬莱头等突出的海岸为陡峭岩岸外,其余均系沙质滩头,10米等深线一般都距岸2海里以内,碍航物很少,内陆又多丘陵与高山,近岸陆标也清晰可见。这些条件对于徐福船队航行定位、导向、锚泊均十分有利。从蓬莱头经庙岛群岛纵渡渤海海峡航路是一条非常古老的航路。徐福船队由蓬莱头北驶,经南、北长山岛,猴矶岛、砣矶岛,大、小钦岛,南、北隍城岛,再穿越22.8海里宽的老铁山水道,抵达辽东半岛南端的老铁山。这段航程,岛屿隔水相望,导航目标明显,沿途锚地众多,航行较为方便。

(3)第三段航路:老铁山—鸭绿江口—朝鲜半岛西海岸—朝鲜半岛东南部海岸(釜山—巨济岛沿线)

徐福船队抵达辽东半岛南端的老铁山后,当沿岸东航首达鸭绿江口。此段多为沙岸,沿岸陆上丘陵连绵,山岭突起,陆标清楚,近岸海中有许多岛屿、港湾、锚地。从鸭绿江口沿朝鲜湾南下,绕过中部突兀处的长山串、白翎岛,即可进入江华湾;继而顺岸南航,经扶南、罗州群岛,折向东航,绕过朝鲜半岛南端,便可航达半岛东南部海岸的釜山、巨济岛一带,着手实施横渡朝鲜海峡前往日本之举。这一段沿朝鲜半岛西海岸与南海岸的航行,沿途岛屿星罗棋布,港湾锚地相望之道,如若冬季举帆南下,不但一路顺风,而且南向的朝鲜半岛西海岸海流也有助于航行。经由辽东沿岸驶达朝鲜半岛东南部,是中、朝、日之间早期海上交通的惯行航路,反映了当时古老的航海技术水平。从地理条件看,朝鲜半岛地处中国大陆与日本列岛之间,适为建立海上航路之天然跳板。故此,在秦朝有大批中国人乘舟驾船,自辽东沿岸航至朝鲜半岛东南部。

13

当时朝鲜半岛是二韩并立,马韩在西,辰韩在东。古籍称:"辰韩,耆老自言秦之亡人,避苦役,适韩国,马韩割其东界地与之,并名国为郡……有似秦语,故或名之为秦韩。"[①]这说明有相当一部分中国移民已在那儿定居,并建立了国家。而另有相当一部分中国移民如以徐福为代表的秦人群,则继续渡海峡南下,在日本列岛上开拓了新的生活天地。

(4)第四段航路:朝鲜半岛东南沿岸—对马岛—冲岛—大岛—北九州沿岸

从朝鲜半岛东南沿岸渡海至日本列岛的远古航路,是趁日本海左旋海流的单向自然漂流航路。这是在原始幼稚的航海物质条件下的唯一由朝渡日的交通线路。但是,随着中国古代航海事业的形成与发展,产生了一条横越朝鲜海峡的往返航路,即所谓的"海北道中"或"道中"航路。日本古籍很早就称朝鲜为"海北"。所谓"海北道中"或"道中"航路,即指从辰韩出发,中经对马、远瀛(今冲岛或冲之岛)、中瀛(今大岛或筑前大岛)到达北九州筑前的胸形(今宗像)。日本最古老的文献《日本书纪》中的《神代记》说,天照大神令湍津姬、田心姬、市杵岛姬三女神降居筑紫,帮助其弟素盏鸣尊渡海,遂为当地豪族胸形君与水沼君所供奉。其中,湍津姬供奉在边津宫(宗像),称第一宫;田心姬供奉在中津宫(即中瀛),称第二宫;市杵岛姬供奉在奥津宫(即远瀛),称第三宫。这里说的就是这条古老的"海北道中"航路。从徐福船队的航海水准来看,应已拥有较大型的木板船,驱动装置也已在人力划桨基础上,辅以风帆(很可能该时风帆尚未有掉戗术,基本上只能吃顺风或偏顺风航行);同时,从北九州的文化圈来看,也多为秦代的铜剑文化,与本州岛西海岸的以铜铎为特色的关西文化圈有所不同;因此,可以设想,徐福一行是取"海北道中"航路而至日本的。

至于经由对马壹—岐岛而至日本九州肥前、松浦沿岸的对渡航路,从文献记载分析,应是东汉以后魏与倭女王卑弥呼之间的海上交通线,而从壹岐岛与松浦的地下考古成果来看,似也很少有铜剑文化之遗存,说明徐福船队当时恐尚未取此线渡日。

(5)第五段航路:北九州沿岸—关门海峡—濑户内海—大阪湾—和歌山县新宫町附近的熊野滩

徐福船队辗转航行与登陆休整,最后到达了日本什么地方定居呢?据日本方面的文物、古迹以及有关文献记载,推测应为和歌山新宫町附近的海滩——熊野滩。在那儿有着徐福古墓和徐福古祠。《秦徐福碑文》前一座木牌中说:"徐福渡来记,第七代孝灵天皇六年时,徐福在秦始皇施行苛政之下,循世来求不老不死之仙药,率三千童男童女,携五谷百工乘船入东海,至常世之熊野飞鸟地,止于此处。"日本学者也说:"今熊野附近有地曰秦往,土人相传为徐福居住之旧地。"[②]"相传纪伊国熊野山下飞岛之地,有徐福墓""熊野、新宫町东南有蓬莱山,山有徐福祠"。在日本《和歌山县史迹名所志》中也记载着:"秦徐福之墓在新宫町,墓前有石碑,上刻'秦徐福之墓'五字,传为李梅溪所书。相传往昔秦始皇时,徐福率童男童女五百人,携五谷种子及耕作农具渡至日本,在熊野津登岸,从事耕作,养育男女,子孙遂为熊野之长,安稳渡日。"从地理条件上看,源于熊野山脉的濑泾峡河,水源充足,水质清澈,流域两岸风景优美,为日本罕见之淡水长河,对徐福等秦人团体休养生息、安居乐业是殊为相宜的。这段航路的走向是这样的:徐福船队从北九州沿岸东航,即可由关门海峡驶进濑户内海,内海两侧是历历在目的本州岛南岸与四国岛北岸,内海中岛屿、港湾连绵不断,航行并无困难,绕过四国东北角后,船队即

①《后汉书·东夷传》。
②新井君美:《同文通考》。

可沿大阪湾南航入纪伊水道;再绕过纪伊半岛,便可抵达和歌山县新宫町附近的熊野滩。

以上关于徐福船队航路问题的推测及其到达日本的可能性问题,通过对于五段航路的具体考证,可见其抵达日本的可能性之大。徐福率船队渡海后定居日本的故事也在后世的各种传说被广为传颂。

四、两汉时期的中日海上航路与交流

以徐福东渡日本为发端的中日海上交往,在两汉时期得到更大的发展。汉武帝元封二年(公元前 109 年)发水路军,灭卫氏古朝鲜,按中国制,设立了乐浪、真番、玄菟、临屯四郡。昭帝始元五年(公元前 82 年),四郡并为乐浪与玄菟二郡。这一时期开始,中日之间对渡朝鲜海峡的航行日趋频繁。《三国志》《后汉书》等古籍中也对此多有记载。造成这种航海景况的因素,一方面是大批中国移民出于国内政治与经济生活方面的原因前往日本列岛开辟新的天地;另一方面是日本列岛方面的许多部落小国,以"献见"为名前往汉朝,希冀获得并汲取先进的中华文化与技术。

1.中国移民渡海至日本列岛

自徐福等秦人群东渡日本后,中国移民取道朝鲜半岛渡海至日本列岛者络绎不绝,特别是在国内政局动荡、经济凋敝时更为如此。如据日本方面史料记载,仲哀天皇八年(199 年),一位名叫功满王的中国人,把蚕种从朝鲜半岛的百济传至日本;应神天皇十四年(283 年),弓月君(融通王)率领来自一百二十县之中国居民前往日本;应神天皇二十年(289 年),又有阿知使主率来自十七县之中国人移居日本[1]。两汉时,在日本定居的中国移民人数颇巨,日本古籍称"秦汉百济内附之民,各以万计"。这大批中国移民带去了先进的华夏文化,对于开发与建设日本列岛产生了重大的历史作用;而日本方面也对技术高超的中国移民欢迎备至,并大力招引。据说,应神天皇十四年(283 年)与十六年(285 年)时,有一批中国移民为新罗所阻,不能来日本,日本方面即遣户田宿祢等,授以精兵,讨伐新罗,为中国移民开辟道路。

2.倭国使臣赴中国朝贡

大约在公元前 1 世纪,日本列岛上出现了许多部落小国,并各自开始与中国建立每年定期的友好交往。随着中日之间交往的增多,在我国官方史籍上,也开始出现了记载日本列岛的传记。如《三国志·魏书·倭人传》中说:"倭人在带方东南大海之中,依山岛为国邑。旧百余国,汉时有朝见者,今使译所通三十国。"《后汉书·东夷传》中说:"倭,在韩东南大海中,依山岛为居,凡百余国。自武帝灭朝鲜,使驿通于汉者三十许国。国皆称王,世世传统。其大倭王居邪马台国。乐浪郡徼去其国万二千里,去其西北界狗邪韩国七千余里。"

带方,即带方郡,治所在带方(今朝鲜凤山)附近,辖境约当今朝鲜黄海南道、北道,系东汉献帝建安九年(204 年)公孙康分乐浪郡南部而设置。由于大批秦汉人移居日本列岛,因此,对该区域的地理位置与风土人情也逐渐明晓。自此之后,有关徐福东渡传说中国所言"三神山"的迷雾扫除一空,这从一个侧面也反证了"三神山"即为日本列岛的客观事实。到汉代,日本列

---

[1]《日本书纪·应神纪》《古语拾遗》。

岛已有百余部落小国。而三十国(或三十余国),大概指九州和本州近畿一带,即在今京都、大阪、神户一带以西的地区。这些地区同中国大陆的海上交通开展较早,也是当时日本列岛上生产力最发达、生产水平最高的地区。这些地区的小国,为汲取中华民族的先进文明,不惜历涉波涛前往中国。中国古籍对此屡有记载,如《后汉书·东夷传》说:"建武中元二年(57年),倭奴国奉贡朝贺,使人自称大夫,倭国之极南界也。光武赐以印绶。安帝永初元年(107年),倭国王师升等献生口百六十人,愿请见。"值得注意的是,倭奴国使首次到达东汉京师的那次友好访问,得到了有关文物的明确证实。光武帝所赐予之金印,已于日本天明四年(1784年)春2月28日,由北九州福冈县志贺岛(当时称筑前国糟屋郡志贺岛叶崎)的一个名叫甚兵卫的农民,在挖水沟时掘得。该印2.3厘米见方,0.8厘米厚,重约108.7克,金质蛇纽,阴文篆文,上刻"汉委奴国王"五字。它与我国云南晋宁发现的西汉金印"滇王之印",在金质、雕刻、字形和蛇纽等方面类同。又与1981年2月,在江苏扬州甘泉山附近出土的"广陵王玺",除印纽不同外("广陵王玺"为龟纽),其他在金质、形制、字体、大小、重量诸方面皆相近。按汉代印绶之制,天子玉印,诸王和宰相金印紫绶,九卿银印青绶,其下依次为铜印黑绶与木印黄绶。倭奴国王被授金印紫绶,以诸王规格待遇,足见汉朝政府对日本列岛方面的重视。

3.两汉时期的中日海上航路

汉代中日之间的海上交通,亦沿袭秦代格局,基本上是沿岸航行与海上可见视距离内的横渡航行。《后汉书·东夷传》载:"建武(25—26年)之初,……时辽东太守祭肜威詟营北方,声行海表,于是涉、貊、倭、韩万里朝献。"由此可见,自辽东至倭一线已有通航往来。而日本列岛方面与中原王朝之联系,必也取此线,然后渡渤海前往。所谓"倭人……初通中国也,实自辽东而来"①说的就是这一条航路,即沿朝鲜半岛西岸与辽东半岛北岸而行,其航路位于黄海东岸与北岸一线,在中日海上交通中可称为北路北线。至于横渡朝鲜海峡的航路,当仍以"海北道中"航路为主,即由朝鲜半岛东南岸出发,取对马岛、冲岛与大岛为中介,南渡至北九州沿岸。在博多湾沿海一带发现的数量众多的中国制造的铜剑、铜铎,从弥生式文化系统的瓮棺内发现很多中国古镜、璧、玉之类,在丝岛郡小富士村的海边遗址发现了王莽时代的货泉等物,很可能是由这条航路传入的②。当然,日本海左旋海流的自然漂流航路,对于航海工具简陋的部分中国移民来说,恐仍不失为一条较为稳妥的渡日航路。

📖 课后练习题

一、填空题

1.在朝鲜半岛南部的考古资料中,多次发现具有中国战国时代文物特色的_____、_____等实证,说明了当时的航海者完全能够来往于黄海两岸。

2.战国时代以前甚至更早的时期,就有中国大陆移民抵达日本,日本史学家称之为:_____、_____、_____。

3.由朝鲜半岛南岸古代_____之地至日本本州岛西海岸山阴、北陆地区的日本海左旋

---

① 《文献通考》卷三二四。
② 木宫泰彦著,胡锡年译:《日中文化交流史》,商务印书馆,1980年。

海流航路,就是当时主要的海上航线之一,亦称_____。

4.日本海因_____(沿间宫海峡南下的寒流)和_____(由对马海峡进入日本海的暖流)的对流之力而形成一股左旋回流,由辰韩之地的船只可以经由此航线顺利到达日本山阴、北陆地区。

5.从朝鲜半岛南部的弁韩和辰韩出发,中经对马、远瀛、中瀛,到达筑前胸形的横渡朝鲜海峡航路。《日本书纪》中,将之称为_____或_____航路。

二、判断题

1.徐福确有其人。　　　　　　　　　　　　　　　　　　　　　　　（　　）

2.在两汉时期,日本古籍称"秦汉百济内附之民,各以万计",表示在两汉时期前往日本的中国移民人数达到万计。　　　　　　　　　　　　　　　　　　（　　）

3.据日本方面史料记载,在仲哀天皇八年(199 年),一位名叫功满王的中国人把蚕种从朝鲜半岛的百济传至日本。　　　　　　　　　　　　　　　　　　（　　）

4.公元前 1 世纪,日本列岛上出现了许多部落小国,但尚与中国无交往。　（　　）

5.倭奴国王被授银印青绶,以诸王规格待遇,足见汉朝政府对日本列岛方面的重视。　　　　　　　　　　　　　　　　　　　　　　　　　　　　（　　）

三、思考题

根据以下资料记载,你能从中解读日本列岛的哪些信息?

随着中日之间交往的增多,在我国官方史籍上,也开始出现了记载日本列岛的传记。如《三国志·魏书·倭人传》中说:"倭人在带方东南大海之中,依山岛为国邑。旧百余国,汉时有朝见者,今使译所通三十国。"《后汉书·东夷传》中说:"倭,在韩东南大海中,依山岛为居,凡百余国。自武帝灭朝鲜,使驿通于汉者三十许国。国皆称王,世世传统。其大倭王居邪马台国。乐浪郡徼去其国万二千里,去其西北界狗邪韩国七千余里。"

四、论述题

结合教材内容,自主查找并阅读相关资料,尝试总结秦代中日两国之间的海上交通情况。

第三课

魏晋南北朝时期的东亚海域与中日海上往来

核心知识点

1. 魏晋时期对日航海活动与东亚国际关系;
2. 朝鲜半岛在中日交通中的跳板作用;
3. 南朝时期我国与日本岛上代表性邦国的交往。

导读

三国时期,倭女王曾派遣使节渡海抵达朝鲜半岛的带方郡,进而向魏国进贡以请求通好。倭国与魏国跨海遣使往来,说明早在 3 世纪,中日之间的海上航路已经通航。地理位置处于南部地区的吴国也曾尝试对日遣使。虽未达成目标但客观上促进了中日海上航路的"北线南路"航线的开辟。

两晋时期,由于朝鲜半岛与日本列岛之间的政治关系,西晋时期中日交通曾因战事一度中断。至 5 世纪 20 年代,中国与朝、日之间的通聘与交通关系出现了新的转机。413 年,高句丽开始入贡东晋王朝;416 年,百济也开始通晋;与之同时,倭王赞也于晋安帝时对东晋遣使朝贡。东晋末年,中日恢复了海上交往。

大批中国移民通过海路流亡日本,带去了先进的生产技术,促进了日本弥生文化的繁荣与社会生产力的飞跃发展。南北朝时期,日本倭王曾 8 次遣使入宋国,日本与南朝的交往,标志着日本在对大陆先进技术全盘吸纳的同时开始表现出对中华精神文化的渴求。

一、魏吴对日航海活动与中日早期政治交往

1. 倭女王遣使赴魏与倭魏通好

魏国的主要航海业绩体现在与日本列岛的海上交往方面。后汉末期,辽东太守公孙度自立,统治乐浪郡,其子公孙康于建安中(196—220 年)割乐浪郡南部新设带方郡。后汉亡至魏蜀吴三国时期,最北方的魏灭公孙氏后势力向东扩至朝鲜半岛,合并乐浪、带方两郡,声威远播。此时,日本北九州的倭女王卑弥呼听闻魏国强盛,遂遣使经带方郡与魏国通好。但据资料考证,邪马台国以前,日本就已经同中国有往来。有学者推测后汉安帝永初元年(107 年)来洛

阳朝贡的倭国王帅升就是卑弥呼以前的第一代男王。① 如果属实,那么邪马台国在 107 年就与中国第一次通好了。到女王卑弥呼统治时,邪马台国与中国往来有以下几次②。

第一次:魏景初三年(239 年)卑弥呼遣使到带方郡,要求"朝献"。经带方郡太守刘夏派吏将使者护送进京(洛阳),献男生口 4 人、女生口 6 人、班布 2 匹 2 丈。魏明帝授与卑弥呼女王"亲魏倭王"印,封使节以官职,还赐与黄金、五尺刀、铜镜、珍珠、铅丹(红色颜料)及纺织品多种。魏明帝诏书、印绶及礼物于正始元年(240 年)由带方郡使者送到日本。这是中国使者第一次赴日。

第二次:正始四年(243 年)卑弥呼派使节 8 人到洛阳,献上生口、倭锦、绛青缣、绵衣、帛布、丹木拊、短弓矢等。魏帝曹芳诏赐黄幢 1 顶,正始八年(247 年)由带方郡太守王颀送到日本。这是中国使者第二次赴日。倭女王所献之物,已开始有一些初级的丝织品,说明中国的丝织技术业已通过航海途径传播到了日本。日本学者布目顺郎认为,在日本冈山县津山市的月轮古坟中出土仁德朝(313 年)的平纹绢 80 种,可能与上述称"缣"的织物相当,估计是用无扣织机织成,以前原始织机的效率提高了 5~6 倍③。

第三次:正始八年(247 年)卑弥呼派使节载斯乌越到带方郡,诉说狗奴国男王卑弥弓呼与邪马台国相攻情况。带方郡太守张政等带去诏书及黄幢,出面调停。这是中国使者第三次赴日。

第四次:正始九年(248 年)卑弥呼死后,女王壹与派率善中郎将掖邪狗等 20 人送张政等回国,献上男、女生口 30 人,贡白珠 5 000 孔、青大句珠 2 枚、异纹杂锦 20 匹。

从 239-248 年的短短 10 年中,魏、倭共有 6 次使节来往,由倭国女王遣使入魏或带方郡前后共 4 次,魏使至倭女王国两次,可见当时中日之间的海上交通是相当频繁的。中日两国建交亦是出于双方共同的需要。中国方面,魏国封卑弥呼女王为"亲魏倭王"是为了明确女王对魏国的臣属关系,切断日本与吴国的交往。日本方面,卑弥呼女王遣使朝贡是为增强自己的实力。这样的外交活动,也为中国文化进一步传入日本奠定了基础。

2.魏国对日主要航路

关于这一时期的中日航路,《三国志·魏书·倭传》中记载如下:

"倭人在带方东南大海之中,依山岛为国邑,旧百余国,汉时有朝见者,今使驿所通三十国。从郡(带方郡)至倭,循海岸水行,历韩国,乍南乍东,到其北岸狗邪韩国,七千余里;始度一海,千余里至对马国。……所居绝岛。方可四百余里,土地山险,多深林,道路如禽鹿径,有千余户,无良田,食海物自活,乘船南北市籴。又南渡一海千余里,名曰瀚海,至一大国,……方可三百里,多竹木丛林,有三千许家,差有田地,耕田犹不足食,亦南北市籴。又渡一海,千余里至末卢国,有四千余户,滨山海居……"

魏人由此登岸陆行,再辗转至倭女王国。上文中"韩国",实指朝鲜半岛西海岸、位于带方郡之南的马韩。"狗邪韩国",即"弁辰狗邪国",也即《后汉书·倭传》中的"狗邪韩国",辖境约为当今朝鲜半岛东南部的庆尚南道等地。"对马国",即现今日本的对马岛。"一大国",即日本壹岐岛,"一大",似为"一支"之误。《梁书》《北史》等亦称"一支国",日本古籍中称为"伊伎""伊

① 王金林:《古代日本》,东京六兴出版社,1986 年,第 98 页。
② 吴廷璆:《日本史》,南开大学出版社,2019 年,第 26 页。
③ 陈炎:"东海'丝绸之路'初探",《海交史研究》,1985 年第 2 期。

吉"和"壹岐",其音读略同。"末卢国",即肥前的松浦,约当今日本佐贺县东松浦半岛的松浦或唐津一带。至于魏使最后到达的倭女王国都"邪马台",有九州说与大和说,至今尚未统一。

依据上文史料可推测,魏使前往日本列岛本土的海上航路是这样的:从魏属带方郡起航,先沿朝鲜半岛西岸南下,绕过半岛西南端,再沿着曲折的海岸和岛屿群到达半岛东南部的釜山地区,接着取对马岛和壹岐岛为中介横渡朝鲜海峡,抵达九州北部的松浦沿岸,最后分赴日本列岛上有关地区。由带方郡至魏都洛阳之路于公元一、二世纪,倭奴国、倭面土国与后汉交通的路线基本相同,仍然经由辽东半岛。

从航海角度考察,这条"对马—壹岐"横渡朝鲜海峡航路,比秦汉时所取的"对马—冲之岛"航路偏西,不经冲之岛、大岛,而渡魏、志中所说的"瀚海",经壹岐,再由肥前的松浦上陆,经陆路可至博多湾沿岸。这客观地反映了三国时期的航海技术与航行速度较前代有了明显的进步,以至对马暖流对航行的影响相对减弱,海员们能够较为自主和捷便地往返于中日之间了。

3.吴国对赴日南线航路的探索

地处东南沿海的吴国,也致力发展航海事业。由于当时北方被魏国据有,吴国若想经过朝鲜通航日本有一定的困难,便自辟海路,探寻从东南沿海直通日本的航线。吴黄龙二年(230年),孙权派将军卫温、诸葛直二人,率领万名甲士出海,寻求海外的夷洲(今中国台湾省)和亶洲(吴人对日本的称呼)。但卫温和诸葛直只到了夷洲而没到达日本,便率队返航了。孙权在开辟跨东海通日航线失败以后,便又设计避开魏国从海上与辽东太守公孙渊建立联系,试图开拓从长江口北航朝鲜再转赴日本的航路。

嘉禾元年(232年)三月,孙权派将军周贺、校尉裴潜,从海路乘船越过曹魏的势力范围直航辽东。此次航海,周贺等人虽完成了与公孙渊建立联系的使命,但回程中在成山高角遭遇大风,船舶皆触礁沉没,凡着岸吴军也都被俘。嘉禾二年(233年)三月,孙权再派将领张弥、许晏、贺达,携金宝珍货,率水军万人,送公孙渊派来的校尉宿舒、阆中令孙综渡海返回辽东。但不料公孙渊却反目重投曹魏,杀害吴使张弥,献与曹操以示好,还收俘了全部随行吴军。吴使随员秦旦、张群等人逃亡高句丽,诈称携礼物出使高句丽,中途被公孙渊劫夺,高句丽王即派人护送秦旦等返回东吴,并"贡貂皮千枚,鹖鸡皮十具",奉表建交。

从东亚政治、外交关系的视角来看,东吴三次大规模派船队开辟自长江口直达朝鲜的航道之举,虽每次都受当时政治、外交因素的干扰没有达到与日本交往的目的,但却为以后东晋和南朝开辟赴日的海上南路航线奠定了基础。[①]

二、东亚政治格局的改变与两晋时期中日海上交通的断续

西晋时期,中原战端蜂起,基本上无暇顾及海洋,故而有些航海活动,如与日本列岛的海上交通,就曾一度中断。但在东晋时期,统治阶级偏安江南,经济相对稳定,文化交流颇为活跃,故航海活动亦有所开展。而东南沿海人民为反抗统治阶级的残酷剥削与压迫,也曾举行了声势浩大的海上大起义。这一切都成为令人瞩目的航海事件。

① 董志文《话说中国海上丝绸之路》,广东经济出版社,2014年,第22页。

1.西晋时期对日海上交通的中断

中国与日本列岛的海上交通在三国时期曾相当频繁,这种航海外交关系一直延续到西晋初年。据《晋书》称,泰始(晋武帝年号,265—274 年)时,倭国"遣使重译入贡"①。可见晋初时期中日仍有交往。但泰始之后,中国与日本列岛北九州倭国的传统交往就中断了。

究其原因,主要为以下几点:一、中国朝廷内政腐败,在"八王之乱"后,西晋短期的统一很快被打乱,统治者无暇东顾;二、鲜卑族重新在辽西崛起,隔断了晋朝与原在朝鲜半岛的乐浪、带方两郡的联系;三、趁西晋朝廷自顾不暇,北方政局动荡混乱之际,朝鲜半岛上的形势发生了重大变化。朝鲜半岛的局势变化主要表现在:首先,出自鸭绿江溪谷的貊人兼并了乐浪郡与带方郡北部,建立了高句丽国家;其次,原为马韩中一国的百济在统一马韩后又侵占带方郡南部,使西晋朝廷原在朝鲜半岛的行政管辖能力无以实施;再次,原为辰韩中一国的新罗也统一了辰韩,朝鲜半岛上出现了高句丽、百济、新罗三国鼎立的局面;最后,日本列岛上大和国正在崛起,"东征毛人五十五国,西服众夷六十六国,渡平海北九十五国"②,终于在四五世纪之交基本上完成了统一日本的事业。原先与汉、魏、晋有官方交往的邪马台国日趋衰微,被新兴的大和国取而代之。

2.东亚视域中的日朝关系与中日航路的恢复

4 世纪中叶以后,朝鲜半岛北部的高句丽举兵南征,百济与新罗之间也彼此攻伐。百济因受高句丽与新罗腹背夹击,为摆脱困境,采取了西与中国地方诸政权通好以牵制高句丽,东与日本结交以牵制新罗的外交方针。日本的大和统治者一向觊觎朝鲜半岛,它利用了半岛间三国纷争的时机,以响应百济通好为由,渡海侵占了新罗的伽倻(日本史籍称任那府,据说辖域约为当今庆尚南道釜山、金海一带)地区。4 世纪末,高句丽在广开土王(又称好太王,347—412 年)的率领下,大举南下,协同新罗,围百济,攻伽倻。据 1877 年在鸭绿江中游辑安城发现的《广开土王陵碑》(又称《好太王碑》)记载,"倭以辛卯年(391 年)渡海,破百残(济)……(新)罗,以为臣民"。"九年己亥(399 年)百残(济),违誓,与倭和通。王巡下平穰(壤),而新罗遣使云:"倭人满其国境,溃破城池,以奴客为民。""十年庚子(400 年),教遣步骑五万,往救新罗,……官军方至,倭贼退。""十四年甲辰(404 年),而倭不轨,侵入带方界",高句丽率军与战,"倭寇溃败,斩杀无数"。由上可见,高句丽与倭处于敌对状态,这就迫使中日之间传统的黄海北线航路③为之受阻。然而,也正是由于朝鲜半岛与日本列岛之间这种纵横捭阖的政治关系,至 5 世纪 20 年代,中国与朝、日之间的通聘与交通关系出现了新的转机。413 年,高句丽开始入贡东晋王朝;416 年,百济也开始通晋;与之同时,倭王赞也于晋安帝时对东晋遣使朝贡。东晋末年,中日恢复海上交往。

🚢 三、南北朝时期的倭使入华与中日海上新航线的开辟

进入南北朝时期,中日之间的海上交通格局再次出现了变化。北朝各代政权因政治、军

---

①《晋书·四夷列传》。
②《宋史·蛮夷传》。
③主要是指从山东半岛横渡渤海海峡至辽东半岛,再循辽宁、朝鲜半岛西岸抵朝鲜半岛东南岸,最后取对马、壹岐两岛横渡朝鲜海峡达日本北九州沿岸的航路。

事、经济诸因素的牵制,基本上没有什么航海活动。这一时期,中国古代航海事业的进展主要体现在南朝的宋、齐、梁、陈。南朝各代政权,因北方面临强敌,西域陆道交通被完全阻断,故而皆以海道与海外诸国进行交往。当时,南朝的经济有所发展,中原人民继续南下,使南方,特别是东南沿海的农业、手工业、商业有了进步的发展。南朝统治阶级为了巩固政权,活跃经济,崇尚佛教,扩大影响,对海外采取了比较积极的姿态,使中国与朝鲜半岛诸国、日本列岛以及海南诸国的航海交往日益增多,渐趋频繁,并取得了若干重要的进展。

1.朝鲜半岛在中日交通中的跳板作用

南朝时,朝鲜半岛处于高句丽、百济、新罗的三国时期。当时,半岛上三国为了各自的政治利益,都想与南朝结交,借中国之影响,以巩固并扩展在半岛角逐中的地位。高句丽为半岛的北方强国,东晋末年其势力范围侵及辽东时,其王高琏即遣使奉表贡献称藩,东晋即封高琏为"使持节、都督营州诸军事、征东将军、高丽王、乐浪公"[1]。及至南朝宋武帝刘裕登基后,又加封琏为"征东大将军,余官并如故"。以后双方使节往来不断,如刘宋元嘉十六年(439年),宋文帝欲北伐魏,"诏琏送马,献八百匹";刘宋大明二年(458年),"又献肃慎氏楛矢、石弩"。齐、梁时,双方依然乘舶泛海,来往不绝,高琏之子孙(高句丽新王)也一向接受南朝的册封并贡献不断。

百济在东晋末也遣使入贡,以修和好。南朝宋武帝时,进封百济王余映为使持节、都督百济诸军事、镇东大将军、百济王。以后,双方来往频繁,余映子孙也多次受册封。梁中大通六年(534年)、大同七年(541年),百济王"累遣使献方物,并请《涅槃》等经义,《毛诗》博士并工匠、画师等",梁武帝都予允许,"并给之"。新罗,在百济东南,东滨日本海,南朝时势力较弱,不能自通使聘。到梁普通二年(521年),新罗王募泰,才派使者向百济奉献方物,与梁朝通好。南北朝时期,高句丽、百济,包括新罗与南朝之间的交往是以航海为中介而进行的。大体的情况是:

(1)南朝与高句丽的海上航路,推测应从建康(今南京)出长江口,循东海、黄海北上,绕越山东半岛,渡过渤海海峡,到达辽东半岛南端,然后沿辽东半岛南岸东驶,沿朝鲜半岛西岸南下,抵达高句丽的政治中心区域——今朝鲜平壤地区。

(2)南朝与百济的海上航路,推测应从建康出长江口,再循东海、黄海北上,然后在山东半岛成山角附近转向东驶,横越黄海,直趋朝鲜半岛西海岸江华湾沿岸,抵达百济。这条新航路的开辟,对于加强中国与朝鲜半岛以及以此为中介的与日本列岛之间的航海交往,产生了重大的影响。

2.倭国遣使与南朝的中日跨海交注

5世纪,正是日本列岛上大和国倭王锐意扩张,插足朝鲜半岛的时期。为了对付半岛北部的强劲对手高句丽,日本朝廷采取了远交近攻的政策,通过航海活动,与南朝建立了密切的外交关系。

据史籍记载,倭国曾八次对南朝的宋国遣使。据《宋史·夷蛮传》记载,"倭国(中略)世修贡职,高祖永初二年(421年)诏曰,倭赞万里修贡,远诚宜甄,可赐除授"。可见,宋武帝永初二年(421年)倭大王赞(仁德天皇)曾遣使入宋。此为倭国首次遣使入南朝。《宋史·夷蛮传》和

---

[1]《南史·夷貊下》。

《南史·夷貊传》中又有"太祖元嘉二年(425 年)赞又遣司马曹达,奉表献方物"的记载。此为倭国的第二次遣使。《宋史·文帝纪》中记载:"元嘉七年(430 年)正月,倭国王遣使献方物。"此为倭国的第三次遣使。赞死后,其弟珍(反正天皇)继位,也积极遣使入宋。《宋史·夷蛮传》和《南史·夷貊传》有:"赞死弟珍立,遣使贡献,自称使持节都督倭、百济、新罗、仁那、秦韩、幕韩六国诸军事安东大将军倭国王,表求除正。诏除安东将军倭国王。珍又求除正倭浔等十三人,平西征虏冠军辅国将军号,诏并听。"《宋史·文帝纪》也有"元嘉十五年是岁倭国遣使献方物"的记载。此为倭国的第四次遣使。此外,在《宋史·夷蛮传》和《南史·夷貊传》皆有"二十年倭国王济遣使奉献,复以为安东将军倭国王"的记载,此处的二十年即指宋文帝元嘉二十年(443 年),也就是日本允恭天皇时代。此为倭国的第五次遣使。

元嘉二十八年(451 年),刘宋加封倭王济。《宋史·夷蛮传》和《南史·夷貊传》有"二十八年,加使持节都督倭、新罗、任那、加罗、秦韩、幕韩六国诸军事安东将军如故"的记载。此处的二十八年即宋文帝元嘉二十八年。《文帝纪》中亦有"二十八年秋七月甲辰,安东将军倭王倭济进号安东大将军"的记载。此为倭国的第六次遣使。之后倭王济死,世子兴(即安康天皇)继位。《宋史·夷蛮传》中有"济死,世子兴遣使贡献,世祖大明六年诏曰,倭王世子兴,奕世载忠,作藩外海,稟化宁境,恭修贡职,新嗣边业,宜授爵号,可安东将军倭国王"。《南史·夷貊传》中也有"济死世子兴遣使贡献,孝武大明六年。诏授兴安东将军倭国王",《孝武帝纪》中亦有"大明四年倭国遣使献方物","大明六年三月壬寅,以倭世子兴为安东将军"的记载。即倭国遣使来宋在大明四年(460 年),孝武帝下诏授爵为大明六年(462 年)。此为倭国第七次遣使。到宋顺帝昇明二年(478 年),此时倭王兴已死,由其弟武(即雄略天皇)继位。《宋史·夷蛮传》中有"兴死,弟武立,自称使持节都督倭、百济、新罗、仁那、秦韩、幕韩七国诸军事安东大将军倭国王,顺帝昇明二年(478 年)遣使上表。"《南齐书·东夷传》中有:"建元元年进新除使持节都督倭、新罗、任那、加罗、秦韩、幕韩六国诸军事安东大将军倭王武为镇东大将军。"由上可见,倭王武,即雄略天皇遣使上表在宋顺帝昇明二年(478 年),此为倭国第八次遣使。

宋亡于顺帝二年(478 年),因此宋史中对于倭国遣使一事的记载到此为止。

齐高帝曾在建国时封倭王武为镇东大将军。之后,梁武帝建国后也仿照前例封倭王为征东大将军。《南史·夷貊传》中有:"梁武帝即位进武号征东大将军"的记载,《梁书·东夷传》与《文献通考》也都对此有所记载,但都未再有过互相遣使的记录。及至陈朝改元,南朝方面因国力衰微,辖域仅长江下游一小天地,政局出现严重危机;而在日本方面,从武烈天皇(据认为 6 世纪在位)至继体天皇交替时期也处于内乱与变革的动荡之中,中日之间的传统交往出现了一段空白。

3.南朝时期中日海上新航线的开辟

南朝时期,中日之间的海上航路较之两汉与三国时期的北路北线(黄海北线)有了新的发展,出现了北路南线(黄海南线)。据《文献通考》上记载:

倭人(中略)初通中国也,实自辽东而来。(中略)至六朝及宋,则多从南道,浮海入贡及通互市之类,而不自北方,则以辽东非中国土地故也。

其原因主要与日本和朝鲜半岛诸国之间的政治关系有关。日本倭王国为与高句丽争夺在朝鲜半岛的权益,屡次遣使奔波于万里海道,希望获得"中国王朝所给予保证的权威",就可以

"使得自己的统治更为有效",并"确保和扩张在朝鲜半岛的势力范围"①。对于这种背景与需求,倭王武致刘宋顺帝的表文中说得很清楚:

封国偏远,作藩于外,自昔祖祢,躬擐甲胄,跋涉山川,不遑宁处,东征毛人五十五国,西服众夷六十六国,渡平海北九十五国,王道融泰,廓土遐畿,累叶朝宗,不愆于岁。臣虽下愚,忝胤先绪,驱率所统,归崇天极,道迳百济,装治船舫。而句丽无道,图欲见吞,掠抄边隶,虔刘不已,每致稽滞,以失良风,虽曰进路,或通或不。臣亡考济,实忿寇仇,壅塞天路,控弦百万义声感激,方欲大举,奄丧父兄,使垂成之功,不获一篑。居在谅暗,不动兵甲,是以偃息未捷。至今欲练甲治兵,申父兄之志,义士虎贲,文武效功,白刃交前,亦所不顾。若以帝德复载,此强敌,克靖方难,无替前功。窃自假开府仪同三司,其余咸各假授,以劝忠节。②

从上文可知,由于高句丽与倭王国处于敌对状态,日本前往中国的传统的辽东航路为之"壅塞",而日本使船也"每致稽滞,以失良风",因此,不得已另取"道迳百济,装治船舫"的新航线,冒着更大的风险前往中国。这样,就促成了中日北路南线的开辟。海船由南朝政权的首都建康起航,顺长江而下,入东海循岸北上,进黄海南部水域;然后至山东半岛成山角附近向东横渡黄海,直趋朝鲜半岛西岸中部的瓮津半岛沿海;再由江华湾顺百济所辖的朝鲜半岛西岸南下,到达半岛东南部任那的金海府;继而举帆南渡,经对马岛、壹岐岛纵越朝鲜海峡,航至日本九州北岸的筑紫沿岸;最后由肥前的松浦东驶,经穴门③入濑户内海,到达当时日本通往海外的最主要港口—摄津的难波津④,以及务古水门⑤。这条中日海上航路,较之倭女王卑弥呼使者经带方郡—辽东—渤海庙岛群岛一线而至中国的北路北线要近得多,但自朝鲜半岛西岸瓮津半岛外侧的岛屿(如长山串、白翎岛、莲花里、大青岛、小青岛)至中国山东半岛东端成山角,海上跨距约105海里。而且此间水域中,终年有南北向的海流,所以需要有较前更为快捷的航速与有效的航技作为保证。如单纯从地理位置上考虑,应以从建康出长江口,向东直接横渡东海至日本北九州沿岸更为捷径,但是当时一般的航海水平似尚未达到横渡大洋的高度。北路南线新航路的开辟,正是航海史发展到这种特定时期与水平的产物。

北路南线的开辟,对中日文化交流起了极为重要的作用。当时中国正处于南北分裂时期,从东晋政治中心南迁开始到隋代统一为止,中国文化的重心发生了巨大变化,基本上偏移于江南,南朝成了当时中国文化的中心,南朝都城建康繁华发达。由于倭国与朝鲜北部高句丽的对抗,旧航路被阻致使中日航线的终点南移。当时日本与中国南朝前后8次沿着南线遣使往来。虽然当时日本遣使最主要是出自政治原因,但是据《文献通考》记载:"浮海入贡及通互市之类",可见中华文化的产物也因此直接或间接传入日本,这对日本文化的发展起到了重要影响。从日本出土的众多带有南方色彩的中国古镜以及属南朝风格建筑样式的建筑物中亦可看出中国南朝文化对日本影响之大。另外,日本和中国南朝的密切交往给日本织物及裁缝技术也带来了重要影响。《日本书纪》中曾记载雄略天皇遗诏:"不谓遘疾弥留,至于大渐,此乃人生常分,何足言及。但朝野衣冠未得鲜丽,教化政刑,犹未尽善,兴言念此,唯以留恨。"由此可见,效仿中国礼仪文化以及政治制度的思想从与南朝交往密切的雄略天皇时代就已经开始了。

①藤家礼之助:《日中交流二千年》,北京大学出版社,1982年。
②《宋史·蛮夷传》。
③今关门海峡。
④今日本自淀川河口到大和川河口的沿海一带,亦即大阪附近沿海。
⑤当时难波津之外港,约在今日兵库更偏东之处,又名武库水门。

四、魏晋南北朝时期东亚地区的海上交通与文化传播的历史意义

1.中国先进技术对日传播与日本社会生产力的飞跃性发展

自日本绳文时代末期甚至更早的时期开始,因躲避战乱等原因,中国不断有经由朝鲜半岛迁往到日本的中国移民,在弥生时代初期,还曾出现了中国移民赴日高潮。这些移民将水稻耕作、青铜器和铁器铸造等先进的技术传播到日本。从公元前3世纪起,日本以农耕、畜牧经济为主的弥生文化取代了以渔猎、采集的自然经济为主的绳文文化。

水稻及其栽培技术传入日本,很快使日本掀起了农业生产的革命性变革。以水稻生产为中心的农耕经济在弥生时代很快普及成日本物质文明的重要基础。中国的铁器、青铜器冶炼技术,在水稻传入日本不久也相继由中国输入日本。因日本是通过接触中国文明直接引进先进生产技术,故铁器输入日本反而比铜器输入要早。铁器多用于农业生产和武器。铜器主要作为礼器和祭器,主要是铜镜、铜铃、铜铎,亦有剑、矛、戈等战斗武器。

水稻耕作和铁器、青铜器的传入,使日本很快进入了铁器时代。先进的技术促使日本生产力迅速发展,也促进了人口增长和贫富分化,加速了阶级分化,使日本原始社会渐趋瓦解,出现了一些部落联盟的早期小国。综观这一时期中日间文化交流的各个层面,再从中国史籍记载中反映的频繁程度及考古出土文物反映的密度,都足以证明这一时期交流之繁盛,影响之深远。

2.倭使入华与日本对中华精神文化的渴求

日本大和时期与我国南朝之间的交流,不但继续了秦、汉、魏晋时期在物质、技术文化层面的交流,并不断扩展深入,更在行为文化层面和精神文化层面开始交往,中日关系日趋密切。

首先,日本极为重视在物质技术上与中国的交流。这在中日史籍中留有许多记载。中国南朝时期梁朝人沈约于488年编写的《宋史·倭国传》、萧子显于514年编写的《南齐书·倭国传》及姚思廉等635年编写的《梁书·倭传》等记载:日本有倭五王(倭王赞、珍、济、兴、武)在八十多年中(421—502年)多次向南朝宋、南齐、梁政权遣使朝贡及请授封号。《日本书纪》中记载,倭王多次遣使到南朝,带回所赠汉织、吴织及长于纺织、裁缝的技术工匠衣缝兄媛、弟媛等。

其次,日本还通过朝鲜半岛间接接受中国文化。通过与百济往来,从朝鲜取得了铁和铁器及冶制技术,并借助通过朝鲜半岛去日本的中国移民吸取中国文化。最为著名的是在四至五世纪,因中国北方陷入十六国的混战和朝鲜半岛三国纷争而引发第二次移民高潮。日本大和时代来自大陆的移民,主要包括秦人、汉人、百济人三大集团。在四世纪和五世纪之交,秦的遗民弓月君自称秦始皇后裔,率127县百姓(另有120县及27县说)到日本,稍晚迁居日本的是汉人集团,他们是由自称汉灵帝三世孙(另有四世孙之说)的阿知使主率领的7姓17县汉人。百济"博士"王仁自称汉高祖后裔,是已定居百济的汉族移民。王仁一族作为应招赴日之百济移民聚居在今大阪府,形成文首集团。秦人集团主要从事养蚕、丝织及农耕、灌溉工作,汉人集团主要从事手工业、工艺制作,文首集团主要从事教授汉籍和起草文件等。在五世纪和六世纪之交,日本又迎来了第三次移民高潮,主要是大和朝廷到百济招聘已被百济吞并的原带方、乐浪郡中技艺超群的汉人工匠到日本,称其为"新汉人"。这些汉人移民亦以技术集团形式移居

日本。他们从事包括制造陶器,制造马具,专事绘画,从事织锦,精通翻译及金饰、玉饰制作,木工,裁缝,烹饪等各种行业。"新汉人"以其卓越的技能,受到日本大和朝廷的重用,由于他们的贡献,使古坟文化洋溢着浓郁的国际色彩,并在许多方面为日本飞鸟文化奠定了基础。

此外,在日本大和时代的中日文化交流中,除物质技术层面的传播外,日本也开始汲取中国精神文化。中国移民作为文化传播的媒介,把先进的精神文化、中国儒家经典和汉字传播到了日本。日本第一部正史《日本书纪》中有应神天皇十六年,百济博士王仁赴日,太子拜王仁为师,学习中国典籍之事。另参照考古文物的铭文等,在五世纪左右,可以确认儒家典籍与思想已经传入日本了。另外,印度佛教由丝绸之路于东汉哀帝元寿元年(公元前2年)传入中国而发展演变成中国佛教。之后佛教在钦明天皇十三年(552年)通过朝鲜半岛又传入日本。但近年佛教早在百济的圣明王十六年(538年)就已传入日本的说法也得到了学界较多关注。

综观秦汉魏晋南北朝时期的中日文化交流,其传播的方向基本是处于文化先进水平的中国向日本单向传播。当然除正式使节往来外,经朝鲜半岛迁居到日本的大量中国移民对传播中国文化起到了极大的推动作用。这一时期日本主要汲取的是中国文化的物质技术文化层面,如水稻耕作、纺织缝纫、冶炼制铁等,可以说中日两国文化交流是从"技术之路"开始的。随着在物质技术文化层面交流的深入,在精神文化层面的交往也日趋密切。通过秦、汉、魏晋、南北朝时期与中国的交流,日本的物质与精神文化都有了飞速发展。

 课后练习题

一、填空题

1. 在三国时期,倭国女王曾派遣使节渡海抵达朝鲜半岛的_____郡,进而向_____国进贡以请求通好。

2. 魏国与倭国跨海遣使往来,这说明早在3世纪,中日之间的海上航路已经_____。

3. 东晋末年,大批_____移民通过海路流亡日本,带去了先进的生产技术。

4. 中国大陆移民促进了日本_____文化的繁荣与社会生产力的飞跃式发展。

5. 魏国的主要航海业绩,体现在与_____的海上交往上。

二、判断题

1. 东吴三次大规模派船队开辟自长江口直达朝鲜的航道之举,达到了与日本交往的目的。（　　）

2. 西晋时期经济相对稳定,文化交流颇为活跃,故航海活动亦有所开展。（　　）

3. 汉、魏晋有官方交往的邪马台国日趋衰微,最终被新兴的高丽取而代之。（　　）

4. 北朝航海活动繁盛。（　　）

5. 南朝时期,朝鲜半岛处于高句丽、百济、新罗的三国时期。（　　）

三、思考题

下面是"倭王武致刘宋顺帝的表文",结合以下文献资料,分析中日北路南线航路开辟的历史原因。

封国偏远,作藩于外,自昔祖祢,躬擐甲胄,跋涉山川,不遑宁处,东征毛人五十五国,西服众夷六十六国,渡平海北九十五国,王道融泰,廓土遐畿,累叶朝宗,不愆于岁。臣虽下愚,忝胤先绪,驱率所统,归崇天极,道迳百济,装治船舫。而句丽无道,图欲见吞,掠抄边隶,虔刘不已,每致稽滞,以失良风,虽曰进路,或通或不。臣亡考济,实忿寇仇,壅塞天路,控弦百万义声感激,方欲大举,奄丧父兄,使垂成之功,不获一篑。居在谅暗,不动兵甲,是以偃息未捷。至今欲练甲治兵,申父兄之志,义士虎贲,文武效功,白刃交前,亦所不顾。若以帝德复载,此强敌,克靖方难,无替前功。窃自假开府仪同三司,其余咸各假授,以劝忠节。

摘自:《宋史·蛮夷传》。

四、论述题

结合教材内容,自主查找并阅读相关资料,总结魏晋南北朝时期东亚地区的海上交通与文化传播情况并阐述其历史意义。

| 第四课 |

隋代中日两国的政治外交与遣隋使的派遣

核心知识点

1.隋代中日海上交通的发展；

2.小野妹子与"国书事件"；

3.遣隋使派遣及其历史意义。

导读

　　日本在隋代以前就已循北路黄海航线与中国进行航海交往。因中华文明的输入,日本古代人民的物质与精神生活,逐渐丰富起来。但是,中国先进文明因素的对日移入速度,尚处于文明间自然流动的层面,显得非常缓慢。这对于当时能够阅读中国典籍、开始理解中国文明的日本来说,显然是十分不够的。6世纪前后,日本国正处在由奴隶制度向封建制度转化的过渡阶段,特别是圣德太子在其摄政时期,进行了重大的政治改革,颁布了确立封建中央集权统治的《十七条宪法》,对海上近邻中国极为钦慕,怀着"万事悉仿效之心"[①]。想方设法要与中国通好,以便尽快地直接吸收中国的优秀文化。为此,日本政府开始以统一的官方名义,向中国派遣各类使者,这就是所谓的"遣隋使"及以后的"遣唐使"。随着隋朝重新统一中国,封建制度进一步得到巩固、发展,并渐臻完善,国际影响也日益扩大,中日之间的睦邻航海交往,开始进入一个新的历史时期。

一、隋代的中日关系新格局

　　从581年到618年,是中国历史上的隋朝时期。虽从兴到亡仅仅38年,但它正处于世界的整体变动期。在这一历史时期里,东罗马帝国与波斯帝国之间的战争正如火如荼地进行,拜占庭帝国在战火中诞生。据说,中美洲的玛雅文明也是在这时进入极盛时期。东亚的日本与中国也在发生巨变。隋代中国废除了九品中正制,开始了科举制,这是一件具有深远影响的大事。中国人的内河航运业出现突破,完成了南北大运河的宏伟工程,这是一件举世瞩目的大事。在这一历史时期里,日本不仅于6世纪末由天皇颁诏,正式定佛教为国教,而且为确立以

---

①本居宣长:《驭戎概言》。

28

天皇为中心的中央集权体制,于 7 世纪初进行了著名的推古改革。这一改革的措施主要有两个方面,一是于 603 年制定了冠位十二阶,以整顿官制,选拔人才,改变了氏姓世袭制度;二是于 604 年颁布《十七条宪法》,以确立天皇的专制权威。

在这一历史时期里,中日交流活动也出现崭新局面。从日本方面看,他们开始改变以往主要是通过朝鲜半岛,间接吸取中国先进文明的做法,采取了一种新的、直接吸取中国先进文明的做法,即遣隋使。新的遣使方式有别于以往,以往的使节在中国朝见以后很快回国,不做长期滞留,既不能带回很多典籍,也不能深入了解中国社会。遣隋使则有留学生、留学僧相随,他们并不随使一同归国,而是在中国生活很长时间,有的甚至达 30 年以上。这对于日本人直接从中国全面吸取先进文明,对于后来唐代中日交流史黄金时代的出现,都具有重要的意义。从中国方面看,正是在这一时期里,改变了以往仅由中国历代王朝接受日本遣使朝见的做法,于 608 年(大业四年,推古十六年),中国历史上派出了第一个正式访问日本的外交使团。这个以裴世清为首、由 13 人组成的友好使团,伴随日本遣隋使小野妹子归国并访问,抵日后受到日本王朝的隆重欢迎。他们在日本活动了约 5 个月,圆满完成了光荣使命,将隋代中日交流活动推向了高潮。

二、遣隋使的派遣与国书事件

向隋朝派遣使节和留学人员,恢复与中国断绝百余年的国交,直接学习中华文明和先进文化,是圣德太子外交改革的重大决策,此举对日本文化影响之巨不可估量。关于遣隋使派遣次数,学界常见有 3 种观点,日本学者木宫泰彦认为有 3 次,森克己和张声振认为有 4 次[①],中国学者王勇依据中日两国史料,认为遣使次数当为 6 次[②],兹录如下。

第一次遣使(600 年)。《隋书》(倭国传)云:"开皇二十年,倭王……遣使诣阙。"

第二次遣使(607 年)。《日本书纪》云:"(推古十五年七月)大礼小野妹子遣于大唐,以鞍作福利为通事。"[③]又《隋书》(倭国传)载:"大业三年,其王……遣使朝贡。"

第三次遣使(608 年)。《隋书》(炀帝本纪)云:"(大业四年三月)百济、倭、赤土、迦逻舍国,并遣使贡方物。"

第四次遣使(608 年)。《日本书纪》云:"(推古十六年九月)唐客裴世清归,则复以小野妹子臣为大使……副于唐客而遣之。"

第五次遣使(610 年)。《隋书》(炀帝本纪)云:"(大业六年正月)倭国遣使贡方物。"

第六次遣使(614 年)。《日本书纪》云:"(推古二十二年六月)遣犬上御田锹……于大唐。"

入隋的使臣,均携带国书,见诸史书的有两封。一封是第二次遣隋使(607 年)携带的,开首部分载于《隋书》(倭国传):"日出处天子,致书日没处天子,无恙云云。"另一封由第四次遣隋使带往中国,载于《日本书纪》,首云"东天皇敬白西皇帝"。

关于第二次遣隋使关注较多源于"国书事件"。据《隋书》称,在"大业三年(607 年),其王

---

①木宫泰彦著,胡锡年译:《日中文化交流史》,商务印书馆,1980 年,第 49～52 页;森克己:《遣唐使》,至文堂,1990 年,第 9～10 页;张声振:《中日关系史》,吉林文史出版社,1986 年,第 70 页。
②王勇:《日本文化——模仿与创新的轨迹》,高等教育出版社,2008 年,第 156 页。
③《日本书纪》成书于唐开元八年(720 年),以"唐"称"隋",成为定例。

多利思比孤遣使朝贡"①。此次遣使,即为《日本书纪》(推古天皇十五年七月秋条)所说,由摄政圣德太子派出"大礼小野妹子遣于大唐,以鞍作福利为通事"。史学界一般以此为日本遣隋使之发端。使臣小野妹子等一行,于次年三月到达隋都,与百济、赤土、迦逻舍等国使者并献方物,满腹君临天下帝王思想的隋炀帝在看了"日出处天子致书日没处天子"的日本国书后,对这种口吻甚为不满,他一方面对鸿胪卿说:"蛮夷书有无礼者,勿复以闻。"②另一方面为远抚海外,宣扬国威,仍派遣文林郎裴世清等13人,携带国书随同使臣小野妹子等回访日本。据《日本书纪》记载,小野妹子在回国时曾携带隋炀帝回书,却称归国途中在百济国遭遇抢夺而丢失。群臣认为应当刑罚小野妹子处以流放之罪,但天皇担心一旦隋炀帝得知会心生不悦,因而特赦了小野妹子。对此,后世学者本居宣长推测,有可能是由于隋炀帝回复的国书内容措辞过于严厉,小野妹子担忧引发祸患,才谎称丢失了回书。

据《日本书纪》记载,裴世清一行于当年四月,到达日本的筑紫,并在六月十五日"泊于难波津(今日本大阪港附近)"。这一天,日方派难波吉师雄成,以30艘装饰华丽的彩船出迎隋使,并安排入住难波的高丽馆上新设的宾馆。八月三日,裴世清等进京,日方又遣小德阿辈台,锜骑七十五,从者数百人,设仪仗,鸣鼓乐,远至海石榴市来迎。八月十二日,裴世清入日本宫廷,圣德太子及诸王公大臣,皆头戴金髻华,身穿锦紫绣织及五色绫罗,礼仪殊为隆重。由此可见日本对中国使者的格外重视与礼遇。裴世清等在日本又住了近一个月,九月十一日,中国使团离难波,登舟返航。日本方面"复以小野妹子臣为大使,吉士雄成为小使,福利为通事"③,附舶入隋。同行的还有日本留学生4人,学问僧4人,小野妹子使臣等到中国后,于第二年(609年)秋九月返回日本。到隋大业十年(614年)六月,日本政府又"遣犬上君御田锹、矢田部造"④为使者,第四次入隋通好,并于次年秋九月返日。从600年至614年的14年中,隋、日之间六度遣使互访,足见双方政府间的友好交往已超出前代。

三、隋代中日两国的海上航路

关于隋代中日之间的海上航路,从《隋书·倭国传》记载裴世清赴日之行程中可见大略:

"上遣文林郎裴世清使于倭国,度百济,行至竹岛(在全罗南道珍岛西南的一个小岛),南望聃罗岛(济州岛),经都斯麻国(对马),回在大海中。又东至一支国(壹岐),又至竹斯国(筑紫),又东至秦王国(山阳道西部秦氏居住区),其人同于华夏,以为夷洲,疑不能明也。又经十余国,达于海岸。自竹斯国以东,皆附庸于倭。"

据此可知,隋使赴日是先由海路到达朝鲜半岛的百济,然后沿朝鲜半岛南方海域航行,经对马岛、壹岐岛,横渡朝鲜海峡,抵达日本北九州,再穿越濑户内海到达大阪湾。不难想象,日使赴隋,也基本走这条航线,只不过是反向而已。而从中国到百济的航路,常规有两种航线,一是按南朝的航线,由山东半岛东航横渡黄海,直达朝鲜半岛西海岸;二是沿汉代的航线,由山东半岛走北偏东向,沿庙岛群岛横渡渤海海峡到达辽东半岛南部,然后顺岸航行至朝鲜半岛的百

---

① 木宫泰彦:《日中文化交流史》。
② 《隋书·倭国传》。
③ 《日本书纪》推古天皇十六年条。
④ 《日本书纪》推古天皇二十三年条。

济。总的说来,隋代的日中海上交通线路,基本上是沿袭前代的。

根据《隋书》的记载,从百济到难波津的路途与5世纪日本和中国南朝交流时的路线大体相同。但是目前还无法判明从百济到隋的过程中,是横断黄海到达山东省靖海湾附近,还是沿着高句丽的西海岸北上,途径辽东半岛的东海岸,横跨渤海湾,在山东省登州附近登陆的。途经百济横断黄海入隋的航线是日本与南朝交流时的路线,遣唐使藤原常嗣和圆仁和尚在返回日本时,也是选择沿这条航路逆行回国的。另一条路线是沿高句丽北上,途径辽东半岛东海岸,横跨渤海湾,也是唐朝与新罗、渤海等东方各国频繁往来之路。

四、中华文化对日本的深远影响与遣隋使派遣的重要历史意义

1.遣隋使与中华文化对日本社会变革的深远影响

推古天皇十六年(608年),小野妹子再次出使隋朝,与他同行的有汉人和新汉人共8人。这些遣隋的留学生之所以都是汉人和新汉人,是因为他们都通晓汉字,是学习中国文化的最佳人选。

遣隋留学生中,留下名字的仅有十余人,从人数上看绝不算多。但是这些留学生中,很多人的留学时间很长。他们不仅学习了佛学与儒学,对于中国文化的其他种种方面也都有接触。因此遣隋使的人数虽少,但是他们对日本带去的影响却十分深远。遣隋使为日本带去与中国相关的信息,令当时的日本知识分子产生了强烈的好奇心,也受到猛烈的冲击,有不可阻挡之势。并且,他们的留学时间从隋朝末期跨越到了唐朝初期,对唐代宫廷礼仪、政府组织架构、诸多法制法规等进行了整理,都引起了当时日本统治阶层极大的重视。

留学生们对隋唐礼仪、文化、政治等大加赞赏,同时对本国紊乱的政治制度产生了不满。当时的日本知识分子在听说了归国留学生的描述后,都有意对中国进行模仿。他们认为,这些内容虽然不能很快得到完美的效仿,但是在比如宫廷衣冠的改良、政府编制的整理等方面应当尽快加以参考。而日本人的这种愿望,其实也并非在隋朝第一次出现。追根溯源我们可以发现,早在与南朝宋国有过交流的雄略天皇时期就已经有了这样的萌芽,而到了推古天皇时期,这种想法已经变得愈加强烈。因此,圣德太子就有了制定冠位、发布宪法等举措。等到了遣隋的留学生回国之时,改新之愿已呈不可抑制之势。当时正值苏我氏灭亡,于是便有了大化改新之举。大化改新的主要人物为中大兄皇子和中臣镰足二人,而他们都曾经受教于遣隋使。此外,归国的遣隋使在大化改新中承担要职,从中也能够看出其中的缘由。

2.遣隋使派遣在中日交流史上的里程碑意义

遣隋使在中日交流史上具有里程碑式的意义,具体来说可以总结出两点:

首先,遣隋使打通了日本直接向中国汲取先进文明的大门。隋朝以前,日本对中国的学习,更多的是通过朝鲜半岛间接进行的。但是,随着中国先进文明的逐渐渗透,日本人开始产生了直接向中国学习的想法。他们不仅学习佛教和儒教等文化,也对中国的政治、经济、军事等方面都有了全面的了解,特别是对日后的"大化改新"产生了重要影响。因此,遣隋使的贡献首先在于他们学会了直接、主动地学习中国文化,这些遣隋使在学习了中国的先进文化返回日本之后,给日本带去了改造国家体制、提高文化水平等好处,为改造自己的国家采取了更为积

极的行动。

其次,遣隋使开辟了中日关系史上的新时代,为后来长期、连续派遣遣唐使奠定了基础,让一些日本的有识之士初步接触并吸收了先进的中国文化,让日本人对中国有了更为直观的了解,也激起了日本全盘学习和仿照中华文化的热潮。这些遣隋使中,有许多人都在中国学习和生活了十五六年,长的甚至超过三十年,跨越了隋唐两代。后来随着唐朝的繁荣发达,日本人对中国的憧憬更是达到了顶峰。可以说,如果没有遣隋使的铺垫,也就不会有之后规模宏大的遣唐使团。遣隋使在出发前的准备、航路的选择、到达中国后的任务等方面的,都为遣唐使的派遣起到了重要的铺垫作用。

课后练习题

一、填空题

1.日本在隋代以前主要循_____航线与中国进行航海交往。

2._____摄政时期进行了重大的政治改革,颁布了确立封建中央集权统治的_____,对海上近邻_____极为钦慕,怀着"万事悉仿效之心"派出使节赴中国学习。

3._____打通了日本直接向中国汲取先进文明的大门。

4.摄政_____派出"大礼_____遣于大唐,以鞍作福利为通事"。史学界一般以此为日本遣隋使之发端。

5._____在看了"日出处天子致书日没处天子"的日本国书后,对这种口吻甚为不满。

二、判断题

1. 推古天皇十六年(608 年),小野妹子初次出使隋朝。 ( )

2. 日本在隋代以前循南海航线与中国进行航海交往。 ( )

3. 隋朝时期,日本主要是通过朝鲜半岛间接吸取中国的先进文明。 ( )

4. 遣隋使有留学生、留学僧相随,他们并不随使一同归国,而是在中国大陆生活很长时间。

( )

5. 隋朝派出了第一个正式访问日本的外交使团,该使团以裴世清为首。 ( )

三、思考题

结合文献材料,总结分析隋代使节赴日的海上路线。

"上遣文林郎裴世清使于倭国,度百济,行至竹岛,南望聃罗岛,经都斯麻国,回在大海中。又东至一支国,又至竹斯国,又东至秦王国,其人同于华夏,以为夷洲,疑不能明也。又经十余国,达于海岸。白竹斯国以东,皆附庸于倭。"

摘自:《隋书・倭国传》。

四、论述题

结合教材内容,自主查找并阅读相关资料,谈谈日本派遣遣隋使的重要历史意义。

‖ 第五课 ‖

规模盛大的遣唐使团与中华文化强大影响力

核心知识点

1. 日本派遣大批遣唐使渡海抵达中国;
2. 遣唐使的航路选择与在中国的主要活动;
3. 遣唐使与日本全面学习和效仿唐文化。

▌导读

日本遣隋使来到中国,揭开了中日两国政府间睦邻航海的帷幕,也让日本国内急欲发展封建主义的有识之士,更清醒地看到了优秀的中华文明及其各种完备的封建政体与礼仪。他们由赞叹向往,转而积极主动试图汲取和模仿。710年,日本元明天皇下令从藤原京迁都平城京,日本由此进入奈良时代。平城京仿照唐都长安营构布局,虽然规模要小得多,但上至制度、思想、宗教、文学、艺术,下迄服饰、节庆、饮食、建筑、习俗,无不受到唐风熏染,以致享有"小长安"之美誉。日本按照效仿隋朝建立的律令制度基架,如饥似渴地吸纳唐朝的先进文化,在不到100年的时间里,奇迹般地营造出辉煌灿烂的古典文明景观。

618年隋灭唐兴,中国进入空前的持续繁荣时期。拥有百万人口的巨都长安,东南西北均有通衢,各国朝贡使节接踵而至。这里汇集了各国的文化精品,成为吞吐文物的国际中心。秦汉以来初露端倪的东亚文化圈,经过东西文化的交融而趋成熟,此时终于大放异彩。

在唐代,通聘中国的国家达到50个以上,络绎于途的使节扮演着传播文化的主角。日本分批次向中国派出遣唐使,这些日本留学僧、留学生成为中日古代交通史上最具代表性的人物群体,他们不畏海途艰险,劈波斩浪西渡大唐,虔心求学,抵达中国后如饥似渴地学习唐文化,作为中日之间最具代表性的睦邻友好航海使团,书写了中日文化交流史、中日交通史上浓墨重彩的佳话。

⚓ 一、日本向中国派出遣唐使团的起止过程及原因

据日本方面的资料统计,遣唐使从日本舒明天皇二年(唐贞观四年,630年)八月派遣犬上三田耜开始,至宇多天皇宽平六年(唐乾宁元年,894年)九月停派为止,前后任命过遣唐使

19 次,其中包括迎入唐使 1 次,送唐客使 3 次。这些海外的友好使者,冒着风险漂洋过海,为中日两国之间的睦邻航海活动绘就了一幅光辉灿烂的图画。

在遣唐使航海活动中,按其宗旨,组织变动情况来看,基本上可以分为四个阶段来考察。第一阶段是从第一次遣唐使开始,到日本齐明天皇五年(唐显庆四年,659 年)派遣的第四次遣唐使为止。这个阶段的日本遣唐使,实质上是最后一次遣隋使的继续,正如隋末去中国、唐初回日本的药师惠日等人上奏所说的,"大唐国者,法式备定,珍国也,常须达"。这四次遣唐的目的在于学习中国的文化、制度及佛教。在这一阶段的遣唐使活动中,规模较小,组织无定,每次一二艘船,每船载 120 人左右,走的也是遣隋使的海路,向北到朝鲜半岛的西岸,沿辽东半岛东岸横跨渤海湾,在山东上岸。

第二阶段是日本天智天皇时(约唐龙朔元年至咸亨二年,即 661—671 年)派出的两次遣唐使。这两次遣唐使的派遣目的与前阶段不同,日本派遣使节赴唐有外交目的,主要是试图解决日本与朝鲜半岛高句丽、百济、新罗三国关系问题。在白村江海战中,日本支援百济组成的海上联军在白村江口被唐军击溃,以大败告终。白村江海战彰显了唐代中国对于朝鲜半岛的军事和政治影响力,证明了中国在东亚地区的实力和地位,由此奠定了延续千年的东亚政治格局。日本也见证了唐朝的强大军事实力,更加积极地奉行对唐朝的睦邻友好政策,积极向唐朝学习。

第三个阶段是遣唐使的全盛时期,时间从文武天皇大宝二年(唐长安二年,702 年)至孝谦天皇天平胜宝四年(唐天宝十一年,752 年)为止,共计有四次遣唐使。这一阶段,在唐朝方面正是经历了中宗、睿宗二代,而进入唐玄宗"开元盛世"的兴旺时期。在日本方面也正是封建政体法令渐趋完备,开出了绚丽的天平文化之花的繁荣时期,对唐朝的文化学习已不再满足于单纯在形式上的效仿,而是着力于积极地探求其内核真谛。因此,这几次遣唐使团的船队规模较大,一般有四艘船只,人员也众多。如第七次遣唐使团是 557 人,第八次遣唐使团是 594 人,超过初期一倍以上。在这许多使者中,不乏学识渊博之人,如阿倍仲麻吕、吉备真备等。他们还曾长期留居唐土,与中国人民结下了深厚的友情。从航线来看,也一改漫长的传统北路,而开始取新辟的横渡东海的南路航线了,即由筑紫出发经由南岛,横断中国东海以到达长江下游。

第四阶段,从日本光仁天皇宝龟八年(唐大历十二年,777 年)到仁明天皇承和五年(唐开成三年,838 年)为止。这 60 多年中,共派出三次遣唐使,其航海规模与前期不相上下,甚或有过之,然而在盛况之中,已明显地显露出衰落的征兆。因为此时,在唐朝方面已历经由盛转衰的安史之乱,国内政局开始动摇。接着,民族矛盾与阶级矛盾日益加重,统治集团内部的朋党之争与宦官篡权愈演愈烈,农民起义的革命浪潮亦风起云涌,唐王朝的统治已进入风雨飘摇的危境。

在日本方面,则认为凡可学习的唐朝文化已汲取殆尽,而具有日本特色的民族文化已在萌生。上层贵族精神状态由之渐趋保守,前代那种如饥似渴的求知欲望遂告淡漠,尤其是每期遣唐使所需的庞大财政支出以及渡海越洋时因风涛与海盗之险所带来的人舟损失,更促使日本政府对后期的遣唐使派出,抱着一种只是为了维持祖宗成规的漠然与勉强的态度。此外,还有一个很重要的事实,即唐代后期中国航海界开始摆脱了朝廷的政策限制,而广泛地活跃于中日之间的东海水域。中国海船之先进及航技之高超,使中日之间的海上往来变得快捷安全,这对那些主要想得到中国传统的精美物品以及补阙经文的日本贵族与僧人来说,已完全可以借助于中国航海者之手来达到自己的目的,而无需继续以派遣大规模遣唐使团的方式抵达大唐。

因此,实际上,从日本仁明天皇承和五年之后,日本即已停止遣唐使船队的航海活动。但据历史文献记载,遣唐使的正式废止是在唐末黄巢农民大起义(881年)之后,唐帝国由盛转衰,在日本被誉为平安时代"学问之神"的菅原道真在宽平六年(即唐乾宁元年,894年)上奏日本天皇建议停派遣唐使,并言遣唐使中"或有渡海不堪命者,或有遭贼亡身者",恳请"定其可否"。这样,遣唐使航海活动就正式宣告谢幕。

二、遣唐使的航路选择与海途艰辛

遣唐使的派遣情况可以作为推测唐代中日航海技术的一种依据。按平均值推算,遣唐使一往一复的时间大概为20年一次,由此可知,当时的人们对于航海路线尚没能充分把握自如。由于现存的资料没有详细记载,并且每当遇到风浪时都漂流到所定航路之外,因此至今都无法准确判明当时的遣唐使的航路。

遣唐人员出发的港口为难波的三津浦,也就是现在的大阪市南区三津寺町。船只驶离三津浦后,西行下来到濑户内海,到达筑紫停泊在大津浦。大津浦又称博多大津,也就是现在的博多。这个港口是太宰府的门户,因此不仅是遣唐使,只要是前往国外的船只都会停泊在此。由此可知,赴的航路分为北路和南路。北路也被称为渤海道或渤海海道,经壹岐、对马,通过朝鲜南畔与耽罗国(济州岛)之间,到达现在的仁川附近,由此或横断黄海,或沿朝鲜半岛西岸和辽东半岛东岸,横断渤海湾口,在山东一角登陆。此航路与遣隋使时代的航路相同。南路则南下筑紫西岸,经南岛横断中国东海到达长江下游,也有从筑紫的值嘉岛附近横断中国东海的。

第一期遣唐使的航路与遣隋使时期大致相同,都是沿北路出行的。只有孝德朝白雉四年的遣唐使例外,当时任命大使和副使各2人,大使吉士长丹和副使吉士驹等121人由北路入唐,大使高田根麻吕和副使扫守小麻吕等120人在竹岛之门遇难。竹岛也就是萨摩国南部的岛屿,由这个地名可以推断出这一行人是打算经过南岛横断中国东海,这个计划虽然以失败告终,但是也可以被认为是遣唐使开辟南路的先驱。

第二期遣唐使是因为朝鲜半岛的政治关系而被派遣的,他们所选择的航路也是北路。第三期以后的遣唐使则都由南路出行,只有圣武朝的遣唐使判官平群广成与仁明朝的遣唐使大使藤原常嗣等人回国时走了北路。此外,淳仁朝的迎入唐大使高元度在返回时也选择了北路。

自遣隋使以来,几次往返都是选择北路出行,但是突然放弃北路而开始选择南路,其中一定有重大的缘由。可以发现,前后13次的遣唐使中,走北路的都能够平安回归,而走南路的人中,却很少有能幸免遭遇风浪的。究竟是什么理由,让遣唐使避易就难,宁可冒险选择了南路呢?

第一个理由是朝鲜半岛的形势变化。在第一期遣唐使时代,朝鲜半岛中仍有百济和高句丽两国,经常与日本保持联系,充当着中日交通的媒介。到了第二期遣唐使时期,新罗开始变得强盛起来,消灭百济、高句丽两国统一了半岛。第三期遣唐使时期,新罗的势力愈发强大,开始变得对日本越来越无礼。天平胜宝四年,孝谦天皇派遣问罪使,而后淳仁天皇决定征讨新罗,开始做大规模的准备。因此,第三期以后的遣唐使便不能通过新罗的海域,只能舍弃北路而取南路。

第二个理由是第三期遣唐使时代,直至此阶段日本人才知道可以经由南岛海域的各个岛屿到达大唐,文武天皇年间,多执(种子岛)、夜久(屋久岛)、奄美(大岛)、度感(德之岛)等岛的居民来到日本本土朝贡以接受爵位。在此之后仅隔一年半时间,便任命粟田真人等遣唐使由南路入唐。此后除了夜久、奄美、度感之外,又有信觉(石垣岛)、球美(久米岛)等岛的居民来朝贡,至此,南岛的形势日趋明朗起来,因此这一时期的遣唐使不再由筑紫横断中国东海,而是先从肥前、肥后、萨摩海岸南下,途经夜久、吐火罗(即现在的宝七岛)到达奄美附近,由此向西航行,渡过中国东海而到达长江下游地区。

经由南岛的航路耗费时日颇多,并且在横断中国东海时常伴有危险,同样是冒险,则不如从筑紫横断东海。因此第四期遣唐使不再经过南岛,而是先从筑紫的大津浦(博多)出发,到达肥前国松浦郡值嘉岛,如果遇到顺风,就可以直接进入中国东海海域。这条路线与经由北路的路线和南岛的路线相比,在航程上最短,并且没有需要停泊的港口,因此如果遇到顺风,十天左右就可以到达。

三、航海技术的发展与中日民间商船的往来

停派遣唐使之后,唐日间的民间商船往来变得非常频繁,当时的日本请益僧①和学问僧,都通过这些商船来往于唐日之间,而此时入唐,也比遣唐使时代变得更为容易。839—907 年之间,来往于唐日间的船舶有日本船与新罗船,这些船只虽然有在日本建造的,但是建造船只的人与操纵船只的人却都是唐人。

日本请益僧和学问僧入唐时,通常都在楚州或明州一带寻找便船。楚州新罗坊②的翻译家刘慎言,经常与在长安和天台山的日本僧人进行书信交流,来替他们寻找便船,代办一切大小事务。如圆仁、圆载、惠萼等人入唐时都曾经受到过刘慎言的照料。可见,当时为了入唐而寻找便船并不是一件十分困难的事情。

当时入唐的僧侣在唐停留的时间很短。最长的是圆仁,在唐时间为八年,惠运、圆珍在唐时间为五年,都远远少于奈良朝或奈良朝以前的二三十年。当时的留学时间之所以很短,是因为入唐的多为请益僧。当时的日本对中国文化的学习已非常有针对性,只对需要学习的部分进行选择性学习,来弥补本国文化的不足。又由于唐日间的交通往来已较为频繁,想要搭乘便船入唐并不难实现,因此留学时间都比较短暂。

来往于唐日间的商船与遣唐使船舶相比船型较小,所载人数为 40～60 人。当时的航路与遣唐使时期相同,有北路和南路。北路可以看作是唐和新罗的交通之路延长至了日本。当时唐和新罗的交通频繁,楚州(江苏省旧淮安府)以北,也就是今天的江苏省与山东省沿岸的各州县,到处都有新罗坊,坊中有总营和翻译。日本仁明朝遣唐使藤原常嗣等回国时,因为所乘船舶不完好,因此在新罗坊租用了九艘新罗船,又雇佣居住在楚州和楚州涟江县的新罗人,通过北路回到了日本。此后,楚州新罗坊的总管薛诠与翻译刘慎言开始与日本入唐僧通书信,为他们寻找便船。薛诠与刘慎言介绍的船只中,从楚州出发走北路的居多。

由于走北路时船只能沿岸而行,因此航行时间较长。而南路可以横渡中国东海,因此航

---

①请益僧:日本入唐学问僧的一种,出现于平安时代(794—1192 年)。因僧人先在本国学过一些经论,再就某些专门课题入唐求教,故谓"请益"。请益僧在唐学习时间较短,一般不超过两年。
②新罗坊:新罗人居住的地方。

行日数很短,同时,船只破损漂流的情况也很少发生。相比较早时期,文武朝之后行南路的遣唐使船舶,花费时日长并且船只遭遇海流破损的情况较多,而这一时期情况已大有不同。这可以归因于造船技术的进步。与遣唐使时期的船舶相比,此时的船只小而轻快。还有另外一个重要的原因是此时的唐朝商人已经知道了季风,并且学会利用季风来航海。通过观察可以发现,到日本的唐朝商船都在六月和七月,此时正值东南季风流行时期。而返回唐时都在八月和九月,此时是东南季风已经开始停止,西北季风开始流行的时期。因此可见当时的唐人已经学会利用季风,当有顺风时则利用顺风,当风向不顺或因为有雾而难以判定方向时,则可以通过收帆投锚来防止漂流。

四、遣唐使对于中华文化东传日本的历史意义

从唐朝初年开始,日本就在遣隋使的基础上,向唐朝派遣遣唐使,以最大限度地从唐朝先进的文化中汲取养分,为日本社会的发展探求出路。派遣人数之多,学习内容之广,持续时间之长,都是相当惊人的。

首先,从遣唐使团的人员身份和数量来看,遣唐使团官员由政府特别任命,大致分为大使、副使、判官、录事等四级。大使的位阶一般为四位;副使多为五位;判官有时称"佑",位阶多为六位;录事也称"主典",多为七位。除了以上官员外,有时还设准判官和准录事等。遣唐使主要官员的担任者有世袭化的趋向。如吉士氏、坂合氏、伊吉氏等家族,都有多人多次担任大使或副使。特别是多治比氏,几乎可以称作是"遣唐使世家",如第八次遣唐押使多治比县守,第九次遣唐大使多治比广成、宝龟十年(779年)送唐客使判官多治比滨成、第十三次遣唐使准录事丹墀高主(与多治比氏同出一门)、造舶使长官丹墀贞成、船头判官丹墀文雄等,不一而足。从数量上来说,遣唐使团的成员一般都有数百人之众,除了留学生和学问僧之外,还有知乘船事、造舶都匠、船匠、船师、译语、新罗译语、奄美译语、医师、阴阳生、卜部、主神、画师、史生、射手、音乐长、音声生、玉生、锻生、铸生、细工生、杂使等各种类型的专业人士和工匠。遣唐使一般都携带日本出产的银、丝、绵、布等特产及水晶、玛瑙、琥珀等奢侈品作为献给唐朝的礼物,而唐朝政府则以丝帛、香药等物品作为回赠,这种相互馈赠,实质上是当时双方官方贸易的一种重要形式。此外,他们还携带大量砂金,从事贸易活动。可见,遣唐使是由有较高文化素养和学识视野,有一定社会身份地位、经济基础和经贸经验的人员组成,这就为他们学习与传播中华文化提供了基础保障。

其次,从遣唐使在中国的学习内容和活动目的来看,这些日本留学生大多被安排在国子监,系统学习中国古代经典及唐代典章制度,在唐学习时间大多在十年以上,有些甚至长达二三十年。由于他们深受唐朝文化的熏陶,归国后往往致力于唐朝与日本的文化交流,尤其是对日本吸取唐朝文化做出了重大的贡献。在遣唐使后期,还出现了以"请益生"或"请益僧"为名的留学生。所谓的请益生,主要是指在某一领域学有专长的留学生,他们在唐朝停留时间一般较短,只是专门就某些疑难问题索解问难,具有短期进修的性质。这种变化也表明,在遣唐使后期,日本对唐朝文化的学习已经取得了相当的成效。入唐学问僧除了学习佛教经典外,还通过朝拜礼圣、寻求名师、参加各类法事活动、搜集佛典及各种圣物等途径,从事移植唐朝佛教的活动。最后,除了在唐朝各地参观考察孔庙、寺观等文化名胜外,他们还聘请儒者教授儒家经

典,延聘各类人才前往日本,通过各种途径搜求唐朝典籍携回日本。归国后广为宣传,不断介绍留学生和学问僧来唐朝学习,他们在日本吸收唐朝优秀文化的过程中发挥了重要作用。

此外,遣唐使回到日本后,大多为日本皇室提拔和重用,成为在日本社会的各个领域宣传和复制唐朝文化的代表。也正是通过这样的方式,唐朝文化对日本社会的各个方面都产生了重大而深远的影响。就国家组织而言,大化革新之后,日本依照唐朝模式建立了自己的政权。依照唐朝的三省(尚书省、门下省、中书省)六部(吏部、户部、礼部、兵部、刑部、工部)一台(御史台)制,建立了二官(神官、太政官)八省(中务省、式部省、治部省、民部省、兵部省、刑部省、大藏省、官内省)制,地方制度也仿照唐朝道、州、县制,设国、郡、里三级制度。在经济制度方面,仿照唐朝均田制,制定了班田制,并实行了与唐朝租庸调法相近的税收制度。在教育制度上,仿照唐朝国子监制,在中央置大学寮,设明经、纪传、明法、书道、算道、音道等六学,学习课程则以大经(《礼记》《左传》)、中经(《毛诗》《周礼》《仪礼》)、小经(《易经》《尚书》《公羊传》《穀梁传》)等儒家经典为主要内容。在建筑艺术方面,遣唐使将唐代建筑艺术广泛应用于日本城市规划和宫殿建筑。就城市规划原则来说,日本在 8 世纪营建的平城京和平安京与唐都长安可以说是完全一致的。如城市整体布局都是方形城郭;宫城位于中轴线北首;以棋盘式街道系统划分里坊;城内干道分别直对城门;宫城正门及门前大道都以"朱雀"为名等,都可以说是唐长安城的翻版。平城京与平安京宫殿建筑,与长安宫殿也有许多相似之处,如宫殿四周都有宫城环绕,城内分成若干个以围墙和回廊环绕的长方形庭院;每一庭院都沿中轴线前后配置若干座主要殿堂,左右以次要殿堂对称排列;前后院墙正中都有门,左右墙也可能有门;每一座主要殿堂两侧一般都有廊屋与左右院回廊相连,分隔成多进式庭院。甚至在对建筑物的命名上,大多也沿袭了唐朝的名称。此外,在文学、美术、舞蹈、天文、历算、医学以至衣食住行、风俗娱乐等方面,日本文化中都刻下了中华唐文化的深刻烙印。

课后练习题

一、填空题

1.710 年,日本元明天皇下令从藤原京迁都平城京,日本由此进入_____。

2.平城京仿照_____营构布局,享有"小长安"之美誉。

3.到日本的唐朝商船都在_____,此时正值_____流行时期。而返回唐时都在_____,此时是_____已经开始停止,_____开始流行的时期。

4.遣唐使团官员由政府特别任命,大致分为_____、_____、_____、_____等四级。

5.日本留学生大多被安排在_____,系统学习中国古代经典及唐代典章制度。

二、判断题

1.日本与高句丽的海上联军在白村江口被唐军击破。 (　　)

2.遣唐使新辟的横渡东海的南路航线、南岛线是在初唐时期。 (　　)

3.按平均值推算,遣唐使一往一复的时间大概为 10 年一次。 (　　)

4.遣唐使出发的港口为难波的三津浦,也就是现在的大阪市南区三津寺町。 (　　)

5.第一期遣唐使的航路与遣隋使时期大致相同,都是沿北路出行的。 (　　)

三、思考题

结合以下唐朝诗人所作送别日本遣唐使的诗词文献,自主查阅资料,简述日本遣唐使来中国的主要海上路线。

涨海宽秋月,归帆驶夕飙。——唐玄宗《送日本使》

沧溟千万里,日夜一孤舟。有时近仙境,不定若梦游。——刘春虚《海上诗送薛文学归海东》

积水不可极,安知沧海东。鳌身映天黑,鱼眼射波红。——王维《送秘书晁监还日本国》

四、论述题

结合教材内容,自主查找并阅读相关资料,谈谈鉴真六次东渡日本的历史原因及其在中华文明对日传播方面做出的重要贡献。

第六课

海上贸易发展与宋代中日交流的兴盛

核心知识点

1.宋朝时期中日海上贸易概况；
2.宋朝时期的中日文化交流；
3.宋朝时期中日文化交流对后世的影响。

导读

从整体上来看,中国历史上的宋代时期,政治上通常划分为北宋和南宋。这两个时期,由于国内政局和国家政策导向的原因,在航海文化交流方面表现出了不同的倾向性:在北宋时期,日本社会处于藤原氏统治的全盛期,日本推行海禁政策,禁止日本居民私自入海,若有违反,不但货物充公,本人也会受罚。与日本不同,北宋政府采取了鼓励民间航海的政策,因此,北宋年间,通常是北宋船只抵达日本,进行单向贸易。到了南宋时代,日本进入了武家社会,幕府采取了积极的对外政策,转而奖励海外贸易,因此这一时期也有日本船只抵达中国。

一、北宋时期中日海上贸易

北宋时期,日本处于藤原氏统治的全盛期前后,保守的贵族仍然推行闭关锁国政策,严禁本国人私自渡海,凡犯禁者,货物交官,本人处罪。如日本后冷泉天皇年间,筑前人清原守武私下赴宋,事情败露后,除货物充公外,本人亦流放佐渡,同伙五人判处刑罚。因此,在中日航路上,日本海船几乎销声匿迹。与此相反,中国对日本的民间航海却在北宋政府的赞助下,显得十分活跃。据日本资料统计,从宋太祖太平兴国三年(978年)至宋徽宗政和六年(1116年)的一百多年间,来往于中日两岸的宋人航海活动,仅有案可查的即有70次之多,加上未载史册而遗漏的更不知其数。不少中国舶商专门从事对日贸易,其中如朱仁聪、周文德、周文裔、陈文佑、孙忠、李充等人还数度往返,或经商贸易,或迎来送往,或献物送贡,或传递信息,成为当时东海航行的风云人物。[①]

日本政府对宋船一般持欢迎态度,但在锁国政策的影响下,也曾规定宋人来朝见皇帝,应该有固定的日期,如果官员不按期限提前来朝见,就要被遣返回去。为此,中国舶商或借口因

---

① 木宫泰彦著,胡锡年译:《日中文化交流史,商务印书馆,1980年。

遭风浪漂至,或越过大宰府检查进行私下交易。当时,日本各界对精美的中国货物抱有强烈的占有欲,特别是一些独揽一方的庄园贵族更是不把大宰府官员放在眼里,于是,非但宋船的对日贸易愈演愈烈,这种贸易兴盛的态势也促使日本对宋的贸易姿态逐步发生了由海禁转向开禁的重大演变。

北宋时期,中日虽然没有正式建交,但宋船频繁往来日本,使两国有过一些私下的官方联系。其中,最有影响力的是在中国舶商孙忠的参与下,宋神宗托捎国书、佛经和锦匹的事件。自北宋熙宁五年(1072 年)至元丰元年(1078 年)期间,日僧成寻和宋商孙忠频繁往返于中日间,完成了此次两国间的非正式往来。总的来说,中日的官方航海,也是北宋政府持积极态度,而日本政府则较为被动。北宋方面,除由皇帝出面送去一两次书信及礼物外,还有明州地方官以"大宋国牒状"落款,交由中国舶商捎日的公文等,而日本方面的复函则大多以大宰府出面。双方虽未进行正式国交,但日本方面也先后派出 20 多位以私人名义进行活动的入宋僧,可见彼此一衣带水的睦邻航海并未中断。

二、南宋时期中日海上贸易

1127 年宋廷南渡后,在开始的 30 年内,因穷于对金和战,宋船前往日本的记录很少。据日本文献所载,仅有宋商刘文仲于 1150 年前往日本一例。但此后,中日双方的海上贸易便迅速复兴起来,并超过了北宋盛期。之所以发生这一变化,一是由于南宋与金朝达成和议,江南经济文化进而繁荣,加强了对日航海贸易的需求;二是由于日本经历了保元(1156 年)与平治(1159 年)之乱,平清盛在平安朝贵族中确立了武士政权后,顺应时代潮流与人心所向,摒弃了闭关锁国的保守政策,转而对中国采取积极航海贸易的姿态。为此,平清盛在努力恢复与南宋朝廷的官方交往的同时,还在摄津的福原(今日本神户附近)特地营建招揽宋人的别墅,修筑兵库港,开通音户的濑户(今广岛与仓桥岛之间的海峡),使众多的宋船能直驶濑户内海,靠泊京都附近。这一切,都为扩大南宋时的中日海上交往铺平了道路。

在日本政府的支持下,日本驶往中国的海船与日俱增,有时一年之内竟有四五十艘日船抵宋。而中国方面则大开市舶,设宴慰劳,并济赈钱米,供其返航,中日航海呈现空前热闹的景象。

当时,中国的对日贸易港,仍以明州(后改称庆元)为主,其他尚有秀州华亭县(今上海市松江区)、杭州、温州、江阴、泉州等处。日本方面的对应贸易港,仍以筑前的博多为主。肥前的平户岛成为双方的中途停泊港。彼此交换的货物,基本上与北宋时期相同。但值得特别注意的是南宋的钱币开始大量输入日本,这对双方的经济生活都产生了强烈的影响,也从一个侧面反映了双方航海贸易的密切程度。

三、宋朝时期中日造船技术与海上贸易航线

我国古代的造船业较发达,唐代时就能制造远洋海船。据阿拉伯人苏莱曼《东游记》记载,我国唐代制造的海船体大而坚固,能在波斯湾的险风恶浪中航行无阻。宋代的造船业更为发

达,广州、福州、泉州、明州、华亭县等沿海沿江城市,建立了许多官办的造船场。另外,民间的造船业也发展起来,航海商船的制造尤为发达,亦称"客舟"。

宋代时,日本的造船业也有了发展。日本造船与中国不同,必须使用大木,不使用铁钉,只使用铁片;也不使用麻筋和桐油,只用草塞填补漏洞而已。制造这种船需要付出巨大的工程和材料。这种船底部平坦,不能破浪,航行速度较慢。当时,日本的造船业落后于中国。日本人通过不断学习中国的造船技术,推动了自身造船业的发展。

航海、造船技术和气象知识的进步,使得宋代的交通条件远比唐代为好,比较安全可靠,为许多人频繁往返于中日之间创造了条件。当时,往返于中日的宋船,一般是可搭乘六七十人的小船。其航行大都是从江南两浙地区(主要是明州)出发,然后横渡东海,到达肥前的值嘉岛一带,再转航筑前的博多港(今北九州的福冈县)。这与唐末五代时的情况基本一样。但值得注意的是,到北宋末期,不少宋船已越过博多,深入日本海,直接驶抵更接近都城的越前的敦贺地区。在航行时间上,宋船去日本,一般选择夏季,以利用东南季风航行,回国则是在秋末冬初季节,并尽可能避开冬季大浪与秋末台风的袭击。由于航行比较安全与便捷,一般一周左右即可到达目的港。此外也有乘顺风快速到达中国的船只。宋船到达博多后,日本大宰府即派府使、通事前来查询登记,检验公凭、人员及货物清单。日本朝廷常责令官员对之进行讨论,如准予贸易,便将宋商安置在鸿胪馆,再从京城派出交易唐物使办理有关事务。一般先由官府交易,后许民间自由买卖。

当时,宋船运往日本的货物主要有锦、绫、香药、茶碗、竹木、文具等,捎回本国的货物大约有沙金、水银、珍珠、硫黄、锦、绢、布之类以及具有日本特色的工艺美术品,如刀剑、折扇、屏风等。北宋欧阳修曾有《日本刀歌》说:"昆夷道远不复通,世传切玉谁能穷。宝刀近出日本国,越贾得之沧海东。鱼皮装贴香本鞘,黄白间杂鍮与铜。百金传入好事手,讽之可以禳妖凶。"[1]

四、宋朝时期主要航运管理机构——市舶司

市舶司是中国古代封建王朝为管理海上对外贸易而设立的官方机构,相当于现代的海关,在数千年的王朝更迭和社会发展中扮演了极其重要的角色。

中国的海外贸易由来已久,在汉代时期便出现了"海上丝绸之路"。根据《汉书·地理志》记载,当时为了获取海外珍宝,汉武帝派出一支船队出海开辟航线,中外海上贸易自此正式开始。隋唐时期中国的经济文化发展到了一个新的高峰,海上贸易有了更大的拓展,出现了一批闻名海外的对外贸易港口,当时的广州、交州、扬州、明州被称为唐代四大贸易港口。市舶司也在唐代时期正式出现,主要负责检查出入港口的贸易船只、征收关税、收购政府所需专卖品等,是管理进出口贸易以及其他各种对外事务的机构。宋元时期,商品经济发展更加繁荣,造船和航海技术相比前代也更加先进。宋代由于未能完成国家一统,再加上后期又被异族驱赶到了南方,与传统的"陆上丝绸之路"存在着天然的地理隔绝,因此特别鼓励海外贸易,希望借助海上贸易的发展得到更多的税收收入。因此,宋代也成了中国古代市舶司制度最健全、功能发挥得最全面的时期。

---

① 《欧阳文忠公全集》卷十五。

从市舶司设置意图的角度考察,宋代市舶司可分为三个时期。

从开宝四年(971 年)到北宋熙宁元年(1068 年)为第一个时期。这时宋朝只在广州和杭州、明州设置市舶司。广州在北宋初已是中国历史最久远、地位最为重要的外贸重镇。在唐代,发达的外贸使广州成为市舶司的发源地。在五代南汉国统治时期,外贸继续发展,这里充溢着的海外珍宝仍为世人所瞩目。宋军攻取南汉,兵临城下之际,广州城内的一些官员以为宋军只为海外珍宝而来,把海外珍宝全部销毁,宋军便会无功而返。然而宋军此行不但要获得海外珍宝,还要获得整个岭南。所以,南汉府库中的珍宝尽管在一夜之间被烧成灰烬,宋军还是留下来了。宋朝官员很快在这里设官置署,建立新的统治秩序。宋军于开宝四年(971 年)二月进入广州,六月便在广州建立了宋代第一个市舶司。在宋代市舶司的第一时期,宋朝主要希望通过市舶司获得大部分舶货并运往京师。这一时期市舶司对外贸的垄断既不十分严厉,也不十分周密。

宋代市舶司的第二个时期为时较短,仅限于神宗朝(1068－1085 年)之内,市舶司的数量仍然是广州、杭州和明州三个。神宗朝是一个改革的时代。宋神宗任用王安石在全国范围内从事政治、经济、军事、文化等领域的大规模改革。自熙宁二年(1069 年)起,宋朝还着手进行外贸制度改革,推出一系列措施发展市舶司所在地的海外贸易,取得了显著成效,宋朝的外贸收入由此攀升至前所未有的水平。但与此同时,随着一系列的改革,这段时期最主要的市舶司——广州市舶司变得有些动荡不安,其生存逐渐遇到困难。广州等地乳香一类专卖品在官库中大量积压,难以及时卖出,而未设市舶司港口的海外贸易开始肆意发展,在广南、福建、两浙、山东等地,违法商船私行买卖的行为逐渐盛行,不仅直接影响了舶货专卖制度,也间接冲击了市舶司制度。元丰三年(1080 年),外贸失控,乳香积压更加严重,宋朝终于推出"元丰市舶条"。这一条法规定:只有广州、明州、杭州市舶司能够放行外贸商船。它们有固定的管辖范围,广州市舶司负责东南亚及其以西地区的往来商船、贡船;明州负责日本、高丽的往来商船、贡船。违反规定者以违背皇帝命令论罪,即使是大赦和官员离任也不得减免。监督和惩处工作由有关地区转运司长官负责。这一条法使市舶司垄断了东南沿海的各类海外贸易,其实质是以广州为重点的市舶司垄断贸易法。"元丰市舶条"的颁行标志着市舶司垄断贸易制度进入最严厉的时期。

宋代市舶司的第三个时期最长,从北宋哲宗朝一直延续到南宋灭亡前夕。这时宋朝对于市舶司的设置和裁撤多采取灵活、务实的态度,所以市舶司的兴废较频繁,变化最大的是两浙路的市舶机构。神宗朝采取严厉措施令广州等市舶司垄断东南沿海的海外贸易,其主要目的是保证舶货专卖给宋朝带来的高额垄断利润。但条例公布后很快受到官员和百姓的反对,一些条文相继失效。元丰八年(1085 年),神宗去世,年幼的哲宗继位。宣任太后垂帘听政,任用司马光等人,推翻熙丰新法,外贸领域的极端做法也在否定之列。元祐二年(1087 年),泉州成立市舶司,后一年,密州也成立了市舶司。泉州、密州市舶的设立标志着宋朝放弃了用极端严厉的手段保证少数市舶司垄断海外贸易的做法。取而代之的做法是根据港口外贸收入的多少决定市舶司的兴废。当一个港口外贸大发展,设置市舶机构能获厚利时,就设市舶机构;反之就撤销。在宋代市舶司的第三个时期,因各地市舶机构的增设,上一时期外贸领域的紧张状态得到缓解,宋朝对外贸的控制力也随之得到加强。[①]

---

① 章深:"重评宋代市舶司的主要功能",《广东社会科学》,1998 年第 4 期,第 72～78 页。

宋代市舶司自设置至终止,在特定的历史环境中,经过了300余年的历程。它的每一步演变都深深地烙上了时代的印记,它既是海外贸易发展的结果,又与宋代政治和财政体制的形成和发展紧紧地拴在一起。市舶司的发展与变革在一定条件下,可以有利于海外贸易的发展,但是随着封建政权对海外贸易的控制日趋严密,其垄断性日益加强,加上封建制度本身的腐朽性,市舶司制度也暴露出诸多弊端,这些弊端有的是制度不健全所致,有的是人为所致。随着时间的推移,其弊端日益明显,消极因素日趋滋长,给海外贸易带来严重的恶果,这一点在南宋后期表现得尤为显著。但不可否认的是,宋代市舶司的设置,在增加财政收入、监察和荐举地方官员、促进与交往国家间的经济文化交流、为元代市舶事务的管理提供经验借鉴等方面也起到了积极的历史作用。①

五、宋朝时期中日航海文化交流中的僧侣

中日互派僧侣应始于隋而盛于唐。这些僧人不仅有些成为日本佛教宗派的创始人,而且还将在中国学到的先进的佛法知识传回日本,对佛教在日本的广泛传播起了决定作用。后虽因唐的衰败和日本内部的经济恶化等因素,遣唐使被废止,但这一文化交流形式却保留了下来,并在北宋时赋予了新的意义。

当日本停派遣唐使之后,对外执行消极方针,禁止一般日本人出航海外,只有少数僧侣经过朝廷特许可以往宋。在北宋时期,有史料记载的日本入宋僧侣大约二十人,比之唐时大为减少。其入宋目的,亦与唐时专为学佛法、向日本移植新教派不同,是专为巡拜中国佛教圣迹而来。而这与当时日本社会情况的变化有关。日本派遣唐使的两百年间佛教是镇护国家的工具。而到北宋时,平安时代的贵族企图把佛教变为个人往生极乐世界的工具,当时的入宋僧企图通过巡拜中国佛教圣地以消灭罪障往生极乐净土。

进入南宋时期,日本正值平安末期与镰仓前期,平安贵族没落,武士阶级兴起并终于在1192年建立第一个武家政权——镰仓幕府。在此期间,日本来中国的僧人,论人数比北宋时大增。按其来宋目的,共可分以下三类:一类是比较早来宋的,像北宋时期一样,仍是为个人朝拜圣迹而来。这可以视为北宋时巡礼法门型的继续与延长。例如,荣西的第一次入宋,就属于这一类。第二类是为传播律宗而来。因唐代鉴真把律宗传入日本,到了平安时期渐趋衰落,至南宋时遂有一些僧人纷纷入宋学律宗。第三类,为学宋朝的禅宗而入宋。这一情况占入宋僧的大部分,其中绝大部分又是学临济禅的。②

唐朝时的入唐学问僧到中国来的主要目的是求法取经,因此一到唐土,首先历访高僧,学习经典,力图带回新的教义流派到日本传布。而宋朝时的入宋僧,却不仅是为取经求法,更重要则是为了修行而来中国朝拜圣迹的。奝然叙述自己入宋的心愿时,就强调自己从天禄以来就有心渡海,可是日本已久停遣使,只好搭乘宋朝的贸易商船赴宋,以遂此愿。

984年年初,宋太宗赵灵亲自召见了奝然师徒。奝然首先呈献日本铜器10余件及本国书籍《王代年记》与《职员令》各一卷,还有中国的佚书《孝经郑氏注》等二卷,宋太宗向他垂问日本各方面的情况。奝然虽然不会讲汉语,但却擅长汉字隶书,便在纸上一一笔答。太宗对他甚为

---

①廖大珂:"试论宋代市舶官制的演变",《历史研究》,1998年第3期,第38～48页。
②李培浩、夏应元:"宋代中日经济文化交流",《北京大学学报》(哲学社会科学版),1983年第5期,第2～8页。

器重,赐以中国三品以上的高官才准穿戴的紫衣袍,这是很高的荣誉。后来还授以奝然法济大师称号,并让他们住进汴京太平兴国寺。

奝然晋谒宋太宗时,介绍了日本的国情,增加了中国人对日本的认识,促进了中日文化交流。所以《宋史·日本传》不厌其烦地用一千多字详细记录了奝然介绍的日本知识。奝然通过汉文笔谈告诉宋太宗,日本国中有五经书及佛经。还特别提到《白居易集》70 卷,都来自中国。唐代大诗人白居易的诗文集是 9 世纪初传入日本的,极受日本各界人士的欢迎。据说嵯峨天皇得到一部《白居易集》,如获至宝,当作"枕秘"。醍醐天皇也曾经说过:"平生所爱《白氏文集》七十卷是也。"紫式部的著名小说《源氏物语》中也常常插入白居易的诗句。奝然还介绍了日本的物产、风土、人情,尤其是奝然所谈的日本国体制度使宋太宗听了印象很深。

奝然献给宋太宗的《王年代记》是他参考日本史籍并在官署做了调查研究后编写的,记录了日本 64 世天皇的名字、事迹和平安时代五畿七道三岛 65 州的地理情况,对中国人丰富对日本的认识很有价值。后来杨仁撰《太宗实录》时,就引用了奝然的《王年代记》。《太宗实录》今已失传,但是元末丞相脱脱①等当时正是参考了这部书来编写《宋史·日本传》的。

中国和日本的正史中都用大量的篇幅记录了入宋日本僧人的情况,但中国去到日本的僧侣却少有所闻。当时到日本的中国僧人据目前能够得到确认的只有两人:其一是祚乾(《扶桑纪略》作祈乾),其二是齐隐,但是他们二人为何去日本以及到日本后的情况却因缺少史料而不能详知。②

南宋时期,中日交往骤增,日僧入宋极多,据日本学者木宫泰彦《日中文化交流史》③所列南宋时期日本入宋僧有 109 名,其中著名者有重源、荣西、觉阿、俊芿、净业、道元、弁圆等人。南宋时期的入宋日僧一开始多为巡礼五台山而来,但随着北方被金国占领,其巡礼方向逐渐南移,如育王山、天台山等。而且,巡礼与求法均成为其主要目的。

同时,日本对禅宗文化的需求也吸引了许多中国僧侣远渡重洋。例如,兰溪道隆(1213—1278 年),临济宗名僧,1246 年(南宋淳祐六年/日本宽元四年)受北条时赖邀请渡日,成为建长寺开山始祖,为日本禅宗文化的发展做出了巨大贡献。为表彰其功绩,后宇多天皇赐谥号"大觉禅师",这是日本第一位获此谥号的僧人。无学祖元(1226—1286 年),临济宗名僧,1279 年(宋祥兴二年/日本弘安二年),受北条时宗之邀渡日,成为建长寺五祖和圆觉寺始祖。此外,还有兀庵普宁、大休正念、西涧士昙、镜堂觉圆等名僧渡日。宋朝的渡日僧侣不仅传播了以禅宗为代表的佛教文化,而且也把茶道、花道、食品制作工艺等文化传播到日本,大大丰富了日本人的生活。④

六、宋朝时期中日交流对后世的影响

两宋时期中日佛教交流是中日文化交流极重要的组成部分。可以说,没有佛教交往,就没有文化交流。大量事实表明,中日之间的各项文化交流,都与佛教交往密切相关。宋代中日文

---

① 脱脱帖木儿(1314—1355 年),元代政治家,军事家。
② 谭锐:"浅析北宋时期中日交往中的'僧侣现象'",《四川师范学院学报》(哲学社会科学版),2003 年第 2 期,第 6～9 页。
③ 木宫泰彦著,胡锡年译:《日中文化交流史》,商务印书馆,1980 年。
④ 王晓东、朱琳琳:"宋代中日文化交流中僧侣的角色及其贡献",《宋史研究论丛》,2019 年第 2 期,第 310～321 页。

化交流对后世的贡献和影响有以下几点。

第一，推动了中日文化交流，加深了相互了解。虽然宋代中日间没有建立正式的外交关系，但日本政府特许宋商船可去日本进行民间贸易活动。正是这个原因，两国僧侣可以搭乘商船往来，文化交流也因此得以长期持续。僧侣薪火相传的往来与交流首先推动了中日双方文化交流的不断深入，增进了相互了解。例如，宋太宗从奝然进献的《职员令》《王年代纪》中得知日本国王一姓传继，臣下皆世袭官职，感叹道，这个岛国居然延续着世袭的王位，臣子们也代代相承。同时，奝然还给宋太宗介绍了日本的风土、物产、历史、地理等情况。

日本入宋僧侣的介绍，使宋朝人较全面地了解到日本的历史、社会现状及风土人情。同样，入宋僧侣回国后，也会把他们的见闻介绍给日本人。特别是受唐代来华的圆仁和尚的《入唐求法巡礼行记》的影响，入宋日僧多有写日记的习惯，如奝然的《奝然日记》、成寻的《参天台五台山记》等。这些日记、巡礼记中记载了当时中国朝野的实况，使日本人更加全面地了解了中国的情况。另外，渡日宋僧到日本后普遍受到重视，他们带去的信息对于日本人来说更是弥足珍贵。总之，中日僧侣的交流很大程度上加深了宋代中日间的相互了解。

第二，推动了中日佛教文化交流，催生了镰仓佛教的新发展。入宋日本僧侣除了巡礼五台山、天台山等名山及求法于名僧大师外，十分重要的一个任务就是收集中国的佛学书籍及佛具物品等带回日本。如奝然带回了《大藏经》及新译经二百八十六卷、栴檀释迦像、十六罗汉画；成寻弟子赖缘等带回了显圣寺印本新译经二百七十八卷、《莲华心轮回文偈颂》一部二十五卷、《秘藏诠》一部三十卷等，合计四百三十卷册；荣西、俊芿、圆尔辨圆、重源、道元等入宋僧回国时除带回大量经卷，还带回了佛舍利、罗汉画等物品。当然，兰溪道隆、无学祖元等中国渡日僧侣也为日本带去了大量佛教经卷及佛具。

不仅是经卷、佛具的传递，中日僧侣间的思想交流与碰撞也很频繁。其中，最著名的就是日本天台宗僧源信与宋高僧的交流。他把自己写的《往生要集》《因明论疏四相违略注释》《因明义断纂要注解》等著作送给宋朝高僧以求交流，还委托弟子寂照带给天台四明高僧法智尊者的天台疑问二十七条以求释疑等。

第三，推动了中日文学交流，催生了日本中世的五山文学。日本入宋僧在华期间，与中国僧侣交流的同时，也与文人名士交往。事实上，中国很多僧侣也是诗文能手。例如，成寻将离开天台山国清寺赴汴京时，该寺僧如日专门赠诗云："乡国扶桑外，风涛几万程。人心谁不畏，天道自分明。鹏超遮空黑，鳌回似海倾。到应王稽首，宠赐佛公卿。"日本僧侣在为中国僧侣、文人雅士的诗文魅力所倾倒的同时，努力学习、模仿。长期的交流与实践，推动日本僧侣逐渐创造出了引领中世文学潮流的汉文学——五山文学。[①] "五山"是指日本统治阶级对国内禅寺进行评级定位所形成的寺格制度，五山文学的中心即是位列五山禅寺中的禅僧群体，他们的文学作品是五山文学的代表。镰仓时代后期至包括"建武中兴"时期（即后醍醐天皇亲自执政时期）的室町时代，是以被称为"五山派"的禅宗僧侣为中心倡导的汉文化兴盛时代。五山文学是在禅林的特殊大环境下的产物，似疏离社会、孤立于近古文学发展而存在。然而，实际上五山文学的兴隆与室町幕府封建制的确立是并行的，实现了当时古典的、贵族的和地方性的两种对

[①] 王晓东、朱琳琳："宋代中日文化交流中僧侣的角色及其贡献"，《宋史研究论丛》，2019 年第 2 期，第 310～321 页。

立文化的融合。对于当时的政治、文化乃至人生观方面都产生了不可忽视的精神上的影响。

第四,在一定程度上改变了中国(从君主到民间)对日本的看法。在中国人的心目中,日本历来被视为岛夷之国、蛮夷之邦。即使在交往最频繁的唐朝也是先称为"倭国"后改称"日本",对其认识只停留在知道日本人能读经书、好书文、举止温雅而已。但在北宋时这种认识已大有改变,这从《宋史》中就能明确地反映出来。在中国正史中,对有关日本列岛上的一切记载,都是以《三国志·魏书·倭人传》为蓝本,再加以一些传闻和当时统治阶级认为是大事的记录所构成,很少是来自日本人的叙述。同时,日本直到唐中期以前都被称为"倭人"或"倭国",其传记被列入《蛮夷传》或《四夷传》。而从《宋史》开始日本被正式称为"日本国",其传也被放到《外国传》中,这就显示出当时中国人对日本看法的改变。而且《宋史·日本传》中除日僧资料约占三分之二的篇幅外,其余的均为日僧入宋史实和两国商人的贸易活动。这些记载虽说是比较简单,但却是两国交往的真实写照。

课后练习题

一、填空题

1.宋代时,日本的造船业有了发展。日本造船与中国不同,必须使用大木,不使用铁钉,只使用_____。

2.航海、_____和_____的进步,使得宋代的交通条件远比唐代为好,比较安全可靠,为许多人频繁往返于中日之间创造了条件。

3.北宋对应时期,日本当时处于平安中后期时代的藤原贵族全盛时期,其形成的"_____"是臻于完善的贵族文化的最佳代表。

4.进入南宋时期,日本正值_____末期与_____前期,平安贵族没落,武士阶级兴起并终于在1192年建立第一个武家政权——镰仓幕府。

5.奝然献给宋太宗的《_____》是他参考日本史籍并在官署做了调查研究后编写的,记录了日本64世天皇的名字、事迹和平安时代五畿七道三岛六十五州的地理情况。

二、判断题

1.从文化交流情况看,北宋时期的日本,由于新兴的武士阶层对于中华文化的浓厚兴趣,再次掀起了积极吸收中华文化的热潮。 （ ）

2.中日互派僧侣应始于隋而盛于唐。这些僧人不仅有些成为日本佛教宗派的创始人,而且还将在中国学到的先进的佛法知识传回日本,对佛教在日本的广泛传播及最终被统治者作为思想统治工具起了决定作用。 （ ）

3.南宋时期,经过北宋王朝一百多年的建设,汉文化获得了复兴,展现出繁荣的状态。另外,伴随着远洋贸易为主的商业经济模式,以禅宗为代表的佛教在南宋时代极其兴盛,对中日文化艺术交流与发展具有极大的影响。 （ ）

4.宋朝时的入宋僧,比起为了修行而来中国朝拜胜迹,更重要的目的是取经求法。 （ ）

三、思考题

结合以下内容,查阅资料,总结日本都学习了中国怎样的造船技术。

宋代时,日本的造船业也有了发展。日本造船与中国不同,必须使用大木,不使用铁钉,只使用铁片;也不使用麻筋和桐油,只用草塞填补漏洞而已。制造这种船需要付出巨大的工程和材料。这种船底部平坦,不能破浪,航行速度较慢。当时,日本的造船业落后于中国。日本人通过不断学习中国的造船技术,推动了自身造船业的发展。

四、论述题

结合教材,自主查找并阅读相关资料,简述北宋、南宋时期中日海上贸易分别有什么特点。

第七课

元代的中日海战与经贸文化交流的再兴

核心知识点

1.元代对日本的海上扩张；
2.元代中日友好交往；
3.元代中日贸易往来概况。

导读

　　元代中日之间的海上交往,曾先后发生过忽必烈对日本的扩张以及倭寇对中国的扰掠等不友好事件。忽必烈建立元朝后,蒙古帝国逐渐分裂,为了转移内部矛盾焦点及扩张自己的统治区域,忽必烈在东方发动了一系列对外扩张战争,日本成为其首要目标之一,日本和元朝因此揭开了两国政权和两国关系的序幕。元朝时期的中日关系,以元朝两次东征开始,又以元朝彻底失败而告终,因此元代中国与日本的关系以军事上的征服和反征服为主。

　　但从民间的航海主流而言,依然是睦邻友好的经济贸易与文化交流,两国的贸易往来,也呈现出异常活跃之势。元代中国是当时世界上最富强的国家,声威远及欧亚非三洲,贸易活动规模空前,对敌国日本的贸易也始终采取十分宽容的态度。

一、忽必烈东征日本

　　早在建元之前的蒙古国时期,忽必烈在使高丽臣服后,即欲征服日本。至元三年(1266年)八月,忽必烈命兵部侍郎黑的持国书使日,并责高丽国王王植遣人导诏。然而这些人出发之后,却因为畏惧风浪之险而于第二年正月从巨济岛率军退回。于是高丽王命宋君斐随同黑的到蒙古,向忽必烈陈奏海上的危险状况。忽必烈对此极为不满,并责怪高丽人言而无信。第二年六月,忽必烈再次派遣黑的等人前往高丽,王植于九月遣高丽人潘阜持忽必烈的诏书单独抵日。1268年,潘阜到达大宰府后,呈送了蒙古与高丽的国书,这也是蒙古和日本发生交涉的开端。忽必烈在诏书中,以"大蒙古国皇帝"的身份告诫日本要通好结盟,以相互亲近和睦,否则如果真的使用兵力,谁都不会受益,希望日本幕府好好考虑。然而,日本镰仓幕府拒绝了这份恩威并施的诏书。潘阜在日本逗留了六个月,却未能达到他的目的而返回。

　　忽必烈于是怀疑高丽使者未去日本,于至元五年(1268年)九月第二次命黑的等人前往日本,但此次并没有携带第二封国书,而只是为了催促第一封国书的回信。结果到了对马岛之后,日本人并不予以接待,因此仅俘获了两名岛民而返回。翌年六月,以遣返岛民为由,忽必烈命高丽使者持中书省牒文再度赴日,这是元朝人第三次出使日本。而日本方面则以从未听说过"蒙古"的名号为由,仍然不予理睬。经过几次外交失败,忽必烈于至元七年(1270 年)十一月在高丽设置屯田经略司①,随后,即诏谕高丽,声称将要统管日本。与之同时,忽必烈又遣秘书监赵良弼于至元八年(1271 年)九月和九年(1272 年)六月两度持书赴日,此次国书中暗示日本,如果在十一月还不能收到回复的话,元军将起兵日本。然而,这一最后通牒仍未生效,赵良弼无功而返。至此,忽必烈决意出动海军,东征日本。至元十一年(1274 年,日本文永十一年)三月,忽必烈命令凤州经略使忻都(又名实都、忽敦或唆都)、高丽军民总管洪茶丘(又名洪俊奇、忽察),准备千料舟②、拔都鲁轻疾舟③和汲水小舟④各三百艘,总共九百艘,载着一万五千士卒,计划在七月出征日本,到十月冬季进入该国。元军以新式火炮与集团战法攻占对马岛,并力克壹岐岛,日本上下震惊。此时,镰仓幕府的北条时宗力排众议,决心举国应战。之后,元军在博多湾登陆,遇到日本军民的抵抗,进攻锋芒受阻。元军与日骑兵在博多激战一昼,兵疲矢尽,只得退居船上。最终因受台风的侵袭,元军战船多触崖石,约一万三千余人葬身海底,余者夺船而去。第一次出征日本以失败告终。

然而,忽必烈并未吸取前车之鉴,准备继续东征日本。不过,当时正值元军全力攻宋之际,臣下王磐认为此时如果再分出兵力对抗日本恐怕也凶多吉少,建议等到攻宋成功后再考虑东征日本。于是,忽必烈即在至元十二年(1275 年)二月再一次派遣礼部侍郎杜世忠、兵部侍郎何文著等人携国书来到日本。此次国书的内容与之前相同,仍然想要让日本臣服,于是镰仓幕府将杜世忠等五人斩首于镰仓龙口,使元军不再敢来试探。至元十六年(1279 年),元灭南宋,六月,再造使周福、栾忠等赴日劝降。次年二月,忽必烈听闻元使又被斩于博多,遂决意再次征日,同时诏令高丽造兵船九百艘、江南造兵船三千五百艘。

至元十八年(1281 年、日本弘安四年)正月,忽必烈命分为东、南两路军东征日本。东路军乘坐高丽建造的 900 艘战舰从合浦出发,渡海峡南下;南路军乘坐扬州、湖南、赣州、泉州等中国南部建造的三千五百艘战舰从浙江庆元(今宁波市)出发,横渡东海前进。东路军南下途中,一开始就遭到坚决抵抗,几经力战,方占领对马、壹岐两岛。

同年七月,东、南两军汇合于博多湾,聚攻大宰府。但是该水域岛礁相错,水文复杂,日本称为"悬海"。此时已出现了台风将要到来的征兆,然而元军舰队编泊混乱,未能察觉。而后几日突然飓风大作,元军大部分战舰皆破坏覆没,溺死者不计其数,唯有行省平章政事张禧所部的一支水师得以幸免。当时,张禧希望背水一战,以求一逞,但诸将不从。此时元军兵心涣散,难施号令。五日,范文虎等诸将各自选择坚固的船只乘坐,从高丽北返,抛弃了十余万士卒在山下。元军只得临时推举张百户为首领。七日,当他们砍伐木材准备返回时,日本人来战,结果全军覆没。余下的二三万人被俘虏到八角岛,全部被杀害,只有那些被称为新附军的人被当作唐人,充当奴隶。忽必烈的舰队一度威震一时,但在第二次东征日本中,遭受了巨大的失败,惨败而归。

---

①官署名,又称河南道经略司。掌管河南军民政务和财赋收入。

②千料舟,也叫"千石战船",是用于运载元军将士的排水量较大的主力战舰。

③"拔都鲁"是蒙古语"勇士"之意,所谓拔都鲁轻疾舟,即舰队航行时负责主力战舰周围的警戒、联络,到达岸边时用于抢滩登陆的小型快艇。

④所谓"汲水小舟",是用于储备淡水、粮草、军械等后勤物资的运输船。

忽必烈舰队两次征日,都遇台风袭击。从元军第二次渡日时间表已可看出,在五、六月出发,其目的即在于避免重蹈台风之覆辙,然而由于日本方面的坚决抵抗,元军迟至七月底尚未实施登陆作战计划,遂致台风再至而全军败北。

二、和平友好之航海交往

忽必烈舰队两次征日,在中日悠久的睦邻航海史中,不过是一段短暂插曲而已。实际上,即使两国战云密布之际,中日之间的航海贸易也未曾中断。随着元朝统治者下令放弃征讨日本,江浙军民,欢声如雷,潜存于中日之间的传统友好情谊与迫切通商需求便重新爆发出来。

首先,忽必烈于罢征日本同时,以日本信奉佛教为由,在至元二十年(1283 年),派普陀山宝陀禅寺住持如智与提举王君治携玺书使日,希望日本归附,然而此行因遇台风漂回而未果。于是至元二十一年(1284 年)正月,再次派遣如智及王积翁到日本。然而到了对马岛后,王积翁与其随从 50 余人同时遇害,未能完成使命。直到大德三年(1299 年),元成宗仍怀着"日本之好,宜复通问"之心,命妙慈弘济大师、江浙释教总统、补陀(普陀)僧一山一宁带着诏书前往日本。一山一宁后来侨居日本,极受敬重,死后被封为国师。

其次,中日双方对正常的航海贸易都采取较为积极的合作与开放态度。至元二十九年(1292 年),日本商船先后几次来到四明(今宁波市)寻求贸易往来,自此中日航海交往几乎无年不有。进入 14 世纪以后,双方以香药贸易为主的海上联系,甚至出现了堪比唐宋兴盛期的活跃势头。除民间海船外,日本镰仓末期的幕府也派遣"天龙寺船"以及官方贸易船入元,从而使日本学者做出了这样的判断:"元末六七十年间,恐怕是日本各个时代中商船开往中国最盛的时代。"[①]对于日本商船的正常贸易,元政府均按市舶条例处置。同时,对因风浪而漂至他国的日本商船,也充分通过外交斡旋而取保护态度。如至正元年(1341 年),日本一百多名商人遭遇风浪漂入了高丽,高丽人掠夺了财物,并上表请求将日本商人收为俘虏。元平章政事铁木儿塔识坚持天子一视同仁,不能乘人之危以为利,帮助日本商人要回了被掠夺的财物,不久之后,日本也上表道谢。在日船频繁来华的同时,中国商船也赴日贸易。如至正十年(1350 年),日本入元僧龙山德见、无梦一清等 18 人返日时,搭乘的就是中国商船。元末时,江西吉水人邓恺也曾渡海东至日本。此外,前述大德三年普陀高僧一山奉诏使日,也是乘商船前往。不过,从次数上看,元代中国商船的活动较日本为少,这不但是由当时两国政府尚有相互猜疑的阴影所致,而且与日本某些亦商亦盗的海船从武宗至大元年(1308 年)"焚掠庆元"[②]起,对中国沿海进行的倭寇活动有关。

最后,以僧人为主的文化交流出现了空前的盛况。据中日双方文献统计,元代前往日本的中国僧人,有史可考者即有 13 人,事迹佚散者当更多。在这些渡日元僧中,有些是奉政府使命

①木宫泰彦著,胡锡年译:《日中文化交流史》,商务印书馆,1980 年。
②据《元史·兵志一》与《新元史·兵志二》称,"日本商船焚掠庆元"均为武宗至大元年(1308 年)。但据日本《真源大照禅师龙山和尚行状》载,则为大德十一年(1307 年,日本德治二年)。元代倭寇之事自此而始。如《元史·铁迈赤传》载,"延祐三年(1316 年),大臣以浙东倭奴商舶贸易致乱";"(至正二十三年,1363 年)八月丁酉朔,倭人寇蓬州,守将刘暹击败之。自十八年以来,倭人连寇濒海郡县"。《元史·顺帝本纪》)。

而去的,如普陀僧如智、一山等;有些是应日本的招聘而去的,如惠如、正澄、楚俊等;也有些是为赏慕日本风物而去的,如永均等。在这些人中间,很多是元代高僧,非但佛学深精,而且长于诗文丹青,东渡后受到日本朝野的敬重。他们在异域弘扬佛法,创建寺院,广收弟子,著书立说,不仅对日本的思想界产生了重大影响,而且对日本的儒学、文学、书法、绘画以及其他各方面也都产生了深刻影响,在促进日本文化的发展方面做出了不可磨灭的贡献。在元僧东渡之同时,仰慕中华灿烂文明与江南名刹胜景的日本僧人也不惜鲸波之险,纷至沓来。据日本学者统计,"入元僧名传至今的,实达二百二十余人之多,至于无名的入元僧更不知几百人了"。①这些日僧大都三三两两入元,但有时一次也可多达数十人,成群结队跨海而来。如日本建仁寺僧人石清交等一行二十五人,在其师元僧正澄死后,即于至正二年(1342年,日本兴国三年)秋发海舶西行至中国。这些日僧的航行与游历活动,对于加强中日文化交流所起到的积极影响同样是相当广泛的。

三、元代中日贸易往来

元代中国是当时世界上最富强的国家,声威远及欧亚非三洲,贸易活动规模空间,巨舰大舶闻名于世,对敌国日本的贸易也始终采取十分宽大的态度。当时日本商业发展极快,14世纪时仅近畿地区就出现了近400座新兴城镇,大阪一地竟多达132座;许多城镇出现了工商业者同业行会"座"、专事物资管理和跑合买卖的"问丸"、高利贷商人"借上"和"土仓"。商品经济的发展和年贡改收货币,更加要求扩大对华贸易。而自平安晚期以来,上层武士步公卿贵族后尘,渐趋奢侈,如《平氏物语》所说平清盛于"扬州之金、荆州之珠、吴郡之绫、蜀江之锦。七珍万宝,无所不有",可见武士豪富的财货珍宝多自对华贸易得来。②

1.元代中日贸易概况

1277年,日本商人入元,以黄金兑换铜钱,并得到允许。第二年,元朝朝廷诏谕沿海官司允许与日本商船通商。1279年,有四艘日本船只入元,允许他们进行贸易。1292年6月,四艘日本船只驶向庆元,其中三艘被风吹坏,只有一艘船到达港口进行交流。10月,日本船只到达四明(今宁波)寻求互市贸易,然而船上的武器引起地方的担忧,上奏朝廷,朝廷诏令设立都元帅府以防患于未然,同时仍然允许他们进行贸易。在成宗之后,日本船只频繁来往于中国和日本之间。整个元代,日船往来几乎年年不绝,为历代日本商船来华贸易最为繁盛的年代。当然,元代中日贸易中也曾有过小的风波,如1305年成祖因怒日本不臣而提高抽分税率、1307年日商因不满元吏查货而持械焚掠庆元等。1316年日商在浙东贸易滋乱被元军平息等事件常有发生,但并未影响中日贸易的蓬勃发展。

元朝时期,中国在宋代的基础上,对外贸易范围空前扩大,商人视野空前开阔,远走高飞至南洋、西亚、非洲、欧洲万里之外,不再局限于邻近国家,因而元商赴日贸易相对较少,见于记载的仅有1350年一次,往来中日之间的几乎全是日本商船。元代中日贸易货品大体如前代,元

①木宫泰彦著,胡锡年译:《日中文化交流史》,商务印书馆,1980年。
②田久川:《古代中日关系史》,大连工学院出版社,1987年。

货以铜钱、香药、经卷、书籍、文具、唐画、什器、瓷器、金纱、锦绫、毛毡类织物、金襕等为主,日货以黄金、刀剑、扇子及描金、螺钿等工艺品为主。元初因袭宋制,对外来商船,细货抽分十分之一,粗货抽分五分之一。后来抽分率稍有升降,但无博买,只是在泉州另有三十分之一舶税钱之征。1293 年以后其他港口也效仿泉州成例征收舶税钱。[①]

2.天龙寺船与元代中日贸易

在元代中日之间商船的往来中,能够明确年代或可以大致推测的有四十余次,但实际上来往于中日之间的商船却多于其几倍。特别值得关注的是这些商船几乎都是日本建造的船只。从当时的中日关系来看,幕府本应推行更加严厉的海禁政策,但实际上却完全相反,幕府对于日本国民赴海外未做任何限制。弘安之役以后,为了防止俘虏逃亡,幕府曾命大友贞亲搜索船舶,禁止外国人进入日本,但这也仅是一时的戒严而已。当时勇于冒险的商人,大多数仍然能够到元朝进行贸易,而元朝对待日本的商人,也采取了格外宽容的政策。如前所述,元代时期中日间曾有战争发生,但元朝朝廷仍对敌国日本的商人如此宽容,应是由于元军通过文永和弘安两次战役,了解了征服隔海相望的日本并非易事,因此也期待用和平的贸易手段使日本归顺。日本的商船在元末六十年内来往最为繁盛,几乎年年都有商船赴元。

当时的日本幕府对于日本人出航海外不加以限制,同时元人也不拒绝日本的商船,中日之间虽然没有政治上的外交,但日本商船赴元却络绎不绝。这些商船大部分是冒险之人的私人船只,其中也有在幕府的保护之下,具有一定条件的公家商船,其中"天龙寺船"就是一个例子。

1339 年,后醍醐天皇驾崩。策反后醍醐天皇的足利尊氏担心受到怨念,因此决定修建寺庙为其冥福,计划在京都嵯峨修建天龙寺。而足利尊氏派遣"天龙寺船"赴元贸易,其动机和目的学界尚存争议。主要观点大致分为三类,其一认为是足利尊氏为修建天龙寺筹措资金而派遣"天龙寺船"赴元贸易的,其二认为该船只是单纯通商之用,其三认为"天龙寺船"的派遣是为了中日建交。但"天龙寺船"赴元贸易后所得资金的确用于天龙寺的兴建。

关于修建天龙寺,足利尊氏曾广泛征求意见,但由于资金不足问题,朝廷内部很多人持反对态度。足利尊氏犹豫不决,但最终听取了禅僧梦窗疏石建议,决定派遣船只赴元。1342 年足利尊氏派遣"天龙寺船"赴元贸易,禅僧疏石推荐至本出任"天龙寺船"的纲司一职,至本承诺不论交易情况如何,回国后都会进献五千贯钱用于天龙寺的修建。

"天龙寺船"作为赴元贸易的商船,与普通商船并没有区别,但"天龙寺船"作为由幕府派遣赴元贸易的公船,就有了不同于普通商船的官船背景。"天龙寺船"的纲司虽由寺院推举,但对他的任命、对船只数量以及渡航时间等的要求都必须由幕府下达。此外,"天龙寺船"赴元贸易完成,回国后不论收益如何,都必须供奉一定数额的钱币作为天龙寺院修建捐助金,这也让该船有了不同于其他商船的性质。从元代中日航海贸易角度来说,"天龙寺船"的派遣具有继续深入思考和研究的价值。

3.元代对日贸易港建设与季风航海

元初效仿宋代的制度,1277 年,在泉州、广州、庆元(宋代的明州)、上海、澉浦(嘉兴府澉浦镇,在钱塘江口)等地设置了市舶司。随后又在温州、杭州设置市舶司,总共 7 个港口。1293

---

① 田久川:《古代中日关系史》,大连工学院出版社,1987 年。

年 4 月,制定市舶抽分杂禁二十一条;又整理了港口,将温州市舶司并入庆元市舶司,杭州市舶司并入杭州税务。1297 年,废除泉州市舶司。第二年,上海、澉浦两处市舶司并入庆元市舶司。此后又废止泉州市舶司。到了 1322 年,只留存有庆元、泉州、广州三处市舶司,一直到元末都未曾有改动。元朝的港口虽然几经变动,但庆元从宋代起就是对日的贸易港。在三个港口中,庆元距离日本最近,因此元代中日航海,以庆元与博多为主港,往返多取横渡东海的南路航线,航期一般 10 天左右。但有时因风向关系,也有个别不得已而走黄海北路航线的。如元泰定三年(1326 年),杭州府净慈寺高僧正澄赴日,即是经由高丽、聃罗(今济州岛),转道去日本博多,历时长达两个多月。

由于五六月间东海水域盛行的西南季风,故海船从庆元驶向博多一般多在此时。如元僧楚俊即是天历二年(1329 年)五月,由福州启程,于六月船抵日本的。而从日本返回中国,一般多在三四月和九月。此时,东海水域盛行东北风,且风力平缓,海况宁静,适航条件甚佳。对于日本商船来说,最多的是在春末夏初的三四月间驶来中国,因在当年五六月间即可满载而归,故而这一时期古来被称为航海之"大汛"。而秋季九月之期则被称为"小汛",因海船通常要在中国停泊八九个月之久才能返航,这对需要快速周转的航运贸易而言,盈利幅度相对低。总之,这种航海态势,与唐宋时期基本一致。

课后练习题

一、填空题

1.至元十一年,忽必烈命令凤州经略使忻都、高丽军民总管洪茶丘准备_____、_____和_____等船只,准备攻占日本。

2.忽必烈两次征日,因为_____等原因,最终失败。

3.进入 14 世纪以后,元日之间的贸易出现了堪比唐宋兴盛期的活跃势头。除民间海船外,日本镰仓末期的幕府也派遣"_____船"以及官方贸易船入元。

4.元代中日航海以我国_____与日本_____为主港。

5.由于五六月间东海水域盛行的_____季风,故海船从庆元驶向博多一般多在此时。

二、判断题

1.至元五年(1268 年)九月,忽必烈第二次命黑的等人前往日本,同时携带了第二封国书。
( )

2.元朝时期,我国的对外贸易主要集中在日本等邻近国家。 ( )

3.对于派遣"天龙寺船"的动机和目的,有认为是足利尊氏为修建天龙寺筹措资金而派遣"天龙寺船"赴元贸易的,也有观点认为该船只是单纯通商之用,还有观点认为"天龙寺船"的派遣是为了元日建交。
( )

4.元朝统治者下令放弃征讨日本后,双方的贸易通商长时间以来都没有得到恢复。 ( )

5.随着元朝统治者下令放弃征讨日本,以僧人为主的文化交流出现了空前的盛况。渡元日僧的航行与游历活动,对于加强中日文化交流起到了积极又广泛的影响。
( )

三、思考题

结合以下内容,查阅资料,谈谈元代中日之间开展了怎样的海上贸易。

至元二十九年(1292 年),日本商船先后几次来到四明(今宁波市)寻求贸易往来,自此中日航海交往几乎无年不有。进入 14 世纪以后,双方以香药贸易为主的海上联系,甚至出现了堪比唐宋兴盛期的活跃势头。除民间海船外,日本镰仓末期的幕府也派遣"天龙寺船"以及官方贸易船入元,从而使日本学者做出了这样的判断:"元末六七十年间,恐怕是日本各个时代中商船开往中国最盛的时代。"

四、论述题

结合教材,自主查找并阅读相关资料,简述忽必烈曾前后几次派遣使者赴日,其结果如何?

第八课

明代抗倭与中日"勘合贸易"的发展

核心知识点

1. "勘合贸易"制度的发展及历史意义；
2. 明代民间海上贸易的兴起与走私活动；
3. 明末的中日贸易与德川幕府的"朱印船"；
4. 明代中日文化交流的概况。

导读

    1368 年,朱元璋在南京建立了明朝。至 1644 年灭亡共历时 276 年,历经 16 代皇帝,是我国封建社会后期的一个统一王朝。在明朝的前期有洪武的奠基、永乐的鼎盛,后期有万历的安定。但纵观明朝历史,其间社会多有动荡,这种情况直接影响着明朝的对外关系,其中也包括中日关系。1336 年至 1392 年为日本的南北朝时期,拥立光严天皇的足利尊氏幕府把持京都(即北朝),而被赶出京都的后醍醐天皇则占据奈良附近的吉野(即南朝),南北朝对峙近六十年。日本国内的政治分裂也严重地影响了日本的对外交往。南北朝过后便进入了统一的室町时代,但室町时代仅安定了 75 年便又陷入了战乱。在这种情况下,中日间的贸易往来注定难以有良好的秩序。战国时代过去以后,日本便进入了相对统一的安土桃山时代,野心勃勃的丰臣秀吉两次出兵朝鲜并打算借朝鲜半岛进犯明朝。这种行为必然成为两国关系的阻碍。1603年,日本进入江户时代,政治统一,国势逐步走向安定,但新政权尚无力驾驭对外的交流,这也给中日往来造成困难。

    虽说中日两国在这一时期都存在诸多内政问题,阻挠了中日国家关系正常充分的发展,但在这近三百年里仍有许多形式不一的、不连续的、多种多样的交流。如果把隋唐时期中日文化交流的特点归纳为政治制度的交流,把宋元时期中日文化交流的特点归纳为宗教文化的交流的话,那么明代中日文化交流的特点便可以说是贸易往来的交流。①

---

① 滕军:"明代的中日关系和贸易往来",《日语教育与日本学研究论丛》(第一辑),2002 年 10 月,第 407～408 页。

一、明初中日贸易的曲折

明朝初年,中日关系进入一个低潮。其原因一是由于元朝时推行武力对外征服政策,忽必烈曾两次征讨日本失败,两国官方关系断绝,敌视加剧;二是自元末以来,由日本武士、浪人组成的海盗团伙频繁骚扰中国沿海,尤以辽东、山东、江苏沿海倭患最为严重,给沿海地区人民带来巨大的灾难。因此恢复和发展正常的官方交往,对于新生的明政府而言,无论是对发展与周边国家的关系、营造和谐的国际环境,还是对稳定国内社会秩序、维护沿海民众安全,都是一个非常迫切的任务。

明太祖朱元璋主动展开对日交流,希望利用怀柔政策与日本交好,借与日本贸易往来换取日本打击倭寇的主动作为,但日本方面的反应却十分冷淡。1368 年 12 月,朱元璋遣使分往日本、安南、占城、高丽四国,宣示正统,阐述明政府的对外政策并表达与各国交流的意愿。然而,四国中只有日本在接到诏书后没有遣使赴明朝祝贺。1369 年,明政府再次遣使杨载出访日本。在给日本天皇的诏书中,朱元璋严厉谴责倭寇不断骚扰中国沿海,希望日本统治者严禁倭寇,"宜朝则来廷,不则修兵自固。倘必为寇盗,即命将徂征耳,王其图之"①。然而,日本当时处于南北分裂局面,杨载一行人按照传统的"宁波—九州"航线到达日本九州,此时九州是日本南朝的势力范围,由后醍醐天皇之子征西大将军怀良亲王掌控,因此杨载并未能到京都见到天皇,诏书也落入怀良亲王手中。由于诏书措辞严厉,怀良亲王误认为这将是又一次元朝来袭的前奏,不但拒绝了明政府的要求,将使臣拘禁数月后才释放回国,还处死了 5 名随行成员。

两次对日交流的尝试受挫,并没有让朱元璋放弃对日交流的政策与努力,1370 年,朱元璋再次派莱州同知赵秩出使日本。《明史·日本传》记载:

三年三月,又遣莱州府同知赵秩责让之,泛海至析木崖,入其境,守关者拒弗纳。秩以书抵怀良,怀良延秩入。谕以中国威德,而诏书有责其不臣语。良怀曰:"吾国虽处扶桑东,未尝不慕中国。惟蒙古与我等夷,乃欲臣妾我。我先王不服,乃使其臣赵姓者诳我以好语,语未既,水军十万列海岸矣。以天之灵,雷霆波涛,一时军尽覆。今新天子帝中夏,天使亦赵姓,岂蒙古裔耶?亦将诳我以好语而袭我也。"自左右将兵之。秩不为动,徐曰:"我大明天子神圣文武非蒙古比,我亦非蒙古使者后。能兵,兵我。"怀良气沮,下堂延秩,礼遇甚优。②

赵秩一再向日方解释了明朝非元朝,阐明了与日本友好相处的目的。另一方面,由于怀良亲王实力被逐渐削弱,很难与北朝继续抗争,其对明政府的态度也发生了根本性变化。1371 年,怀良亲王派遣使臣,进贡马匹和土产,并归返了倭寇从中国沿海掳走的居民七十余名。明政府厚待来使,赐怀良亲王《大统历》和文绮、纱罗等,又派人护送使臣归国,中日关系得以缓和。

通过杨载、赵秩出使及怀良亲王派僧人奉表入贡,朱元璋认识到了佛教在日本的重要性,于是 1372 年,他又派遣僧侣祖阐、克勤等八人作为使节再使日本,八位僧侣在 1373 年虽然到了京都,接触到了执政的室町幕府,室町幕府将军足利义满也于 1380 年派僧侣等作为使节入贡,但朱元璋认为幕府既没有禁绝倭寇,书文中语句又傲慢不恭,没有接受其入贡。

---

① 《明史》卷 322《日本传》,中华书局,1974 年,第 8341~8342 页。
② 《明史》卷 322《日本传》,中华书局,1974 年,第 8342 页。

洪武中后期,两国关系发生了重大变化。1381年,朱元璋实施严厉的海禁政策,颁布诏令"禁濒海民私通海外诸国"①。1390年,朱元璋再次发布"禁外番交通令"。1394年,为彻底取缔海外贸易,又一律禁止民间使用及买卖舶来的番香、番货等。1397年,朱元璋再次发布命令,禁止百姓下海通番。明政府还将海禁政策以法律的形式诏告天下,《大明律》记载,凡是将规定的物品(如缎匹、绸绢、丝绵、铁器、军需、铜钱等)私自带出国境者,将会被判处杖刑。

洪武时期,尽管朱元璋做出种种努力,多次派使节到日本劝告日本政府禁绝倭寇,但由于日本正处于南北朝分裂局面,内战不止,更导致倭乱横行。朱元璋见通过与日本官方接触无法解决倭寇的问题,两国也无法发展正常关系,因此中断了与日本的朝贡交流。同时,朱元璋决定采取加强海防、积极防御倭寇的政策,下令广东、福建沿海各造数百艘战船,以便遇到倭寇时进行全力防御。

明朝初期,尽管明朝统治者做出诸多努力,先后派出多批使节出使日本,但却仍未实现与其建立和平外交的目的,也没有解决由来已久的倭患问题。朱元璋把日本列入15个"不征之国"之列,表明了与日本发展友好关系的愿望。但由于日本幕府无力禁绝倭寇,朱元璋不得不采取全面防御的方针对付倭乱,中日官方关系未能得到恢复。②

二、"勘合贸易"制度的确立与演变

1."勘合贸易"制度的确立

1392年,日本幕府将军足利义满结束了南北朝的分裂局面,统一了全国。对于新生的政权,他渴望能得到明政府的支持。另外,由于朱元璋实行严厉的海禁政策,使两国的正常贸易关系中断。日本希望打破这种局面,从而可以从对明贸易中获得丰厚的经济利益。于是,1401年,足利义满命使者奉日本国书和金千两、马十匹等贡物出使明朝,上书明惠帝,希望与明政府建立传统的以"朝贡"与"回赐"方式进行的中日官方贸易关系。这是室町幕府派遣的第一个正式"上表入贡"的赴明使团,也是明代中日邦交关系的转折点。从此,两国关系进入了一个新阶段,即开始了中央政府之间的交往。次年,明惠帝派遣高僧与日本的遣明使一同返回日本。足利义满亲自迎明使入京都,并举行隆重的接见仪式。明惠帝给足利义满的国书中称他为"日本国王源道义",称赞他"心存王室,怀爱君之诚,踊越波涛,遣使来朝",并且希望足利义满"毋纵奸宄"。足利义满接受了这封国书,实际上就是接受了奉明正朔和明政府禁剿倭寇的要求,促进了中日友好邦交关系的恢复和发展。

明成祖朱棣即位后,遣使诏谕日本等国,并嘱咐礼部遵循太祖的对外政策,凡"诸番国遣使来朝,一皆遇之以诚。其以土物来市易者,悉听其便。或有不知避忌而误干宪条,皆宽宥之,以怀远人"③。1403年,朱棣恢复了1374年被废的宁波、泉州、广州市舶司,促使海外诸国来华贸易,加强与日交通。同年,足利义满派天龙寺僧坚中圭密一行从宁波登陆入贡,当日使提出签订贸易条款时,朱棣立即应允。1404年,中日双方缔结了贸易条约,即《永乐勘合贸易条约》。

①张显清、林金树:《明代政治史》(下册),广西师范大学出版社,2003年,第956页。
②朱亚非:"明初化解中日关系僵局之对策",《历史教学》(下半月刊),2014年7月,第33~34页;阎瑾:"明朝前期中日关系浅析",《历史档案》,2021年5月,第54页。
③《明太宗实录》卷十二(上),洪武三十五年九月丁亥条。

条约规定:日本十年一贡,来贡者不得超过两百人,船只两艘,凡来贡船必须持有明朝发给的勘合符,经对照合格后才能上岸。这种中日之间的贸易也被称为"勘合贸易"。可见,所谓"勘合贸易",实质上是一种朝贡贸易,即外国人以朝贡的名义,将部分产品作为贡品,无代价地献给明朝统治者,以换取回赐的几倍或十几倍于贡品代价的赏赐,并准许其在中国免税出售随贡品运来的部分商品。[①] 同年,足利义满派遣使节送明使回国,首次持"永乐勘合"来明进行朝贡贸易。

两国的经贸往来缓和了中日关系,日本按照明政府的要求,摧毁了多个倭寇据点,使得长期以来的倭患问题在一定程度上得到解决。据统计,1404 年至 1410 年间,日本对明朝贡多达10 次,而明政府遣使日本也达 8 次。虽然明政府对日本朝贡的频率和规模做出了规定,但双方都没有严格执行。日本为了获取丰厚的经济利益,几乎每年一次甚至多次朝贡,且每次进贡的船只、人员均超出数量。明政府回赐丰厚,而为获得更多的赏赐,日本配合明政府打击倭寇,明政府又赐予其更多商品和货币。

2."勘合贸易"制度的发展与消亡

1408 年,幕府将军足利义满去世,其子足利义持继位。足利义持抵挡不住朝野上下对屈尊称臣的"勘合贸易"的抵触,于是断绝了朝贡贸易往来,致使中日官方中断交流十余年。1428年,足利义持去世。其弟足利义教继位后积极改革内政,并想重启两国间中断的贸易关系。与此同时,明宣宗面临日本长时间停止朝贡、东南沿海走私猖獗、倭寇与走私商勾结作乱再起的现实,也想恢复与日本的正常邦交关系。1432 年,足利义教遣使奉表朝贡,明宣宗赐罗绮、布匹及裘皮、绢丝和铜钱等,随后两国签订了《宣德条约》。条约规定:日本十年一贡,来贡者不得超过三百人,船只不超过三艘,刀枪不超过三千。另外还要求日本打击倭寇,禁止倭船下海。与永乐时期的贸易规定相比,朝贡船只和人数虽都有增加,但数量依然被限制。这说明日本国内对明朝商品需求增多,也反映了明朝对朝贡规模过大难以控制的担忧。1434 年,明宣宗遣使到日本交流,携带了大量的物品进行赏赐。两国之间的互访表明了中断数年的中日贸易关系得以恢复,中日之间重新开始了朝贡贸易。

据史书记载,宣德年间日本朝贡 8 次,明政府赏赐颇为丰厚。日本国内各派政治势力为了获取更加优厚的经济利益,不断违反贸易规定,擅自增加来明船只和人员数量。而此时日本正处于战国时代,幕府将军的力量逐年减弱,各地方大名的势力逐渐增强,中日贸易的主导权逐步落入地方大名手中。最初,幕府的船和各大名的船共同组成"勘合贸易"船队,到 1509 年以后,"勘合贸易"大权已完全被大内氏和细川氏这两个大名所操持。1523 年,大内氏的船队和细川氏的船队争先驶入宁波港。双方在办入关手续的先后和招待宴会座次的高低问题上发生了争执进而大打出手,大内氏一方焚烧了嘉宾堂和细川氏的船队并追赶细川氏至绍兴城下,后又返回宁波。一路上他们焚掠街市、斗杀明朝官兵,制造了"宁波争贡事件"。双方回到日本之后,将军足利义晴已无力解决两大名势力的争端,"勘合贸易"大权落入大内氏手中。其后,大内氏又于 1539 年和 1547 年两次单独派遣"勘合贸易"船队,但明政府因为"宁波争贡事件",早已失去了对勘合船队的兴趣,接待规格大大降低。再加上中日民间贸易的兴盛及大内氏的灭亡,致使延续了 150 年之久的"勘合贸易"往来终结。同时,在"勘合贸易"期间稍有收敛的倭寇也在宁波之乱发生后越发难以遏制,整个嘉靖年间(1522－1567 年),明政府棘手于倭寇的骚

---

① 沈殿忠:《中日交流史中的华侨》,辽宁人民出版社,第 145 页。

扰,史称"嘉靖倭患"。①

三、民间海上贸易的兴起与走私活动

嘉靖初年"宁波争贡事件"的发生,使得明政府对海外贸易骤然收紧。但这种收紧并未真正断绝两国之间的贸易联系。与之相反的是,中日之间唯一合法贸易渠道的逐渐断绝使赴日贸易的利润激增,巨大的经济利益刺激了中日民间海外贸易的勃兴。而明廷严厉的海禁政策又使得民间海外贸易选择了走私的方式。这也是中国古代航运业发展到晚期封建主义时代的必然产物。

1.走私贸易兴起的原因

首先,15世纪中叶以后,明政府日趋腐败,官僚地主阶级横行霸占了大量田地,对农民进行残酷的剥削。极少数权贵豪绅在掠夺了巨额资财后,迫切需要获得海外珍玩奇宝。对于一般地主与商人来说,随着明朝商品货币经济的发展,两者已日趋交融。他们除了尽力投资土地外,也非常注意经营手工业与海外贸易,以便更快更多地攫聚财富。然而,由于大量土地被权贵垄断,使企图以购买方式实现商业资本向土地资本的转化的计划受到抑制。这样,私人海外贸易就自然而然地成为他们主要的投资方向。与之同时,在地主阶级疯狂掠夺下,广大东南沿海的贫苦农民纷纷破产。这种挣扎于死亡线上的惨况,在地少田薄的闽、广沿海地区尤为明显。在这种民不聊生的情况下,众多被土地所抛弃的沿海居民,为求生路活计,不得不走向海洋。

其次,海上走私盛行,也是明政府海禁政策所致。我国江、浙、闽、粤沿海,航海条件极为优越,具有非常悠久的航海传统。特别是宋元兴盛的民间海外贸易,不仅为国家增加了财政收入,而且使沿海居民得以养家糊口,发财致富。然而,封建朝廷唯一关心的是自己的最高统治权益,因此制定了误国害民的海禁法令。在这种法令下,任何形式的私人海外航运,均属非法。但同时,开展海外航运又是东南沿海各阶层人民的强烈需求。正是在这种法令与利害的不可调和的冲突下,东南沿海的对外航运贸易才被迫以"走私"形式表现出来。

由于上述原因,明代的走私贸易也成为中日之间航运的一种特殊形式。一直到隆庆年间"开禁"后,虽准贩东西二洋,但因限制极多,征税又重,故海外走私活动不但依然存在,而且更有发展。与之同时,随着明末政府对沿海管理之松弛腐败,以及西方殖民舰队的横行不法,海上走私者为维护自身利益,进而结成拥有巨大经济实力的武装集团,实际上操纵了海外航运贸易业。

2.明代的"海盗"与"倭寇"

民间为抵制明政府的海禁政策,许多船主结成财势巨大的海上武装走私集团,大规模开展海上走私贸易活动。而日本的沿海居民亦有无业者,沦为盗寇,扰乱明边境居民,称其为"倭

---

①阎瑾:"明朝前期中日关系浅析",《历史档案》,2021年5月,第53~57页;曹雪:"明初中日关系论述",《绍通学院学报》,2017年2月,第17~25页;滕军:"明代的中日关系和贸易往来",《日语教育与日本学研究论丛》(第一辑),2002年10月,第409~411页;方安发:"明代洪武永乐初年的中日外交关系与两国勘合贸易的建立",《浙江师范大学学报》(社会科学版),1988年3月,第79~85页。

寇"。然而,事实上,这一时期的倭寇中冒"倭寇"之名者大有人在。他们利用明政府恐倭、畏倭的心理,故意打出"倭寇"旗号,甚至将反海禁的斗争形式,从暗地走私发展到公开对抗。

明代的海盗可略分为以下两大类。第一类,"濒海之盗"。这是倭寇中的骨干力量与领导阶层。他们大都是"漳泉江浙失业游民及山寇、海盗",因"官司之所困,征役之所穷,富豪之所侵,债负之所折",而"怨入骨髓"①,生计无着。他们为求活路,不得不违法下海通番。当然,在其中也有少数成分复杂的人。有些人既有一定的学识才能,且"皆粗豪勇悍",成为率领武装走私船队与官府分庭抗礼的首要成员,如王直、徐海、毛海峰等人均是如此。第二类,"衣冠之寇"。这是串通并利用倭寇进行海上走私活动的幕后窝主。他们大都是沿海地区有财有势的封建官僚地主,明代文献称之为"势家""豪贵家""势豪之家"或"势要之家"等。这些人有的本人做过大官,有的亲属做官,权势上至中央,下及地方,形成了损荣俱共的庞大关系网。他们为牟取巨额资财,操纵海上走私,成为使封建统治阶级最感头痛的内部异端力量。

四、明末的中日贸易与德川幕府的"朱印船"

1553年至1557年前后是倭寇灾难最严重的几年。最终把倭寇问题彻底解决的是民族英雄戚继光。他训练新军,修造战船,率士兵们浴血奋战,终于在1561年和1563年先后平定了江浙沿海一带和福建沿海一带的倭寇,王直、徐海等倭寇集团随之覆灭。

1567年明政府在接受福建巡抚涂泽民上奏的同时发布了海禁解除令,允许民商们在福建海澄的海外商贸管理部门的管理下去南海经商,但一律不许与日本商人做生意,也不接纳日本商人来朝右市。不过中日双方的贸易要求并没有因此而消失,相反却随着双方国内商品经济的发展而日渐强烈。于是,位于东南亚的马尼拉、吉隆坡、河内等港口便成了中日贸易的中介地,双方商人在这些地方进行转口贸易。

不过这种转口贸易只是在1567年明政府解除禁海令之后不长的一段时间里比较繁盛,这恐怕是由于明朝的商民害怕"通倭"之罪所致。但没过多久,明政府因农民战争峰起,无暇顾及海防,使得追求直销多利的明朝商民纷纷涌向日本。而日本对明商采取公开欢迎的态度,这更促进了这一时期中日贸易的繁盛。如1575年,一艘大型明商船停泊于大分的臼杵港,所载商品有麝香、绫、罗、锦、绣、沉香木、猩猩皮、名人书画及四只虎、一只象、若干只孔雀、鹦鹉等珍奇异宝,令日本朝野上下为之欢喜雀跃。在1592年、1597年丰臣秀吉发动的侵朝战争的影响下,明商船的东渡曾一度中断。但在其后的17世纪初,又有不少明商船赴日。

然而,日本政权一方并不满足于这一时期中日贸易的现状,他们想与明政府之间开展正式的、大规模的贸易往来,并力图把中日贸易的大权和利益完全掌握在自己手中。1588年,丰臣秀吉发出扫除海贼令,这名义上是为铲除倭寇的余党,实际上是为了控制各地方大名势力与海外的贸易。1592年,丰臣秀吉还制定了"朱印船"贸易法,但由于此时的丰臣秀吉尚未完全控制日本全土,其政令没有得到很好的实施。

1600年,德川家康在关原之战中击败了丰臣秀吉之子丰臣秀赖及其家臣石田三成,掌握了日本政权,并于1603年建立起德川幕府。新的幕府统治建立后,开始积极谋求恢复与明政

①霍与瑕:《霍勉斋集》卷十二,《平广东倭寇议》。

府中断了 50 年之久的朝贡贸易关系。1610 年,福建应天府商人周性如到达日本,德川家康将他们一行人邀请至江户盛情款待,并亲自授予朱印贸易证。所谓"朱印"是盖有将军红色印章的海外贸易许可证。持此许可证的贸易船被称为"朱印船"。从 1604 年至 1635 年,江户幕府共发出朱印贸易证约 350 个。接受使用这种许可证的是包括中国人、荷兰人、日本人在内的百余名船主。在周性如返回中国时,幕府总管本多正纯代表德川家康致书福建道总督军务都察院都御史所(简称《致福建道书》),并委托周性如转交。这封加盖有幕府将军朱印的信件,措辞恭敬,在抒发了对中华仰慕之意的同时,表达了日方与中方重新建立朝贡贸易关系的强烈愿望。此外,德川家康还授意长崎市舶使司长谷川左兵卫和岛津家久在给明朝官员的书信中再次表达此意愿,足见其希望与中国通商的迫切心情。

虽然双方的朝贡关系无法得到恢复,但日方对中日贸易的积极态度却为中国海商赴日贸易提供了宽松的环境。既然无法与明朝重新建交,德川幕府为保证得到源源不断的中国商品,便大力招引明朝商船。为激励中国商船来航,德川家康除了向他们颁发朱印状,还给他们提供了种种特殊的优待。在长崎贸易的中国商人享有较多的自主权,他们可随便探访自己的亲朋好友,交易时也较自由。江户幕府为禁止天主教,规定葡萄牙人和西班牙人只许在长崎活动,荷兰人和英国人只能在平户通商,而对中国商船的态度截然不同,非但没有限制其入港的停泊地,反而许可他们自主贩卖商品,不必交给官方统一收购。① 有些大名为吸引中国商人的到来,甚至还向他们提供食宿。② 尽管"终明之世,通倭之禁甚严"③,但在巨额的贸易利润以及德川幕府的推动下,赴日的中国船只与日俱增。正所谓"勘合未成,然南京、福建之商舶每岁渡长崎者,从此(1610 年)逐年增多"④。据统计,中日两国在 17 世纪早期的贸易年年扩大,每年有 30～60 艘中国帆船抵达日本,1639 年日本颁布外贸禁令后,中国商船上升至 93 艘,两年后郑芝龙开辟了从安海直达日本长崎的贸易航线,到日本的中国船达到创纪录的 97 艘。明清朝代交替之际,中国国内战火不断,赴日贸易的中国船数逐渐下降,但每年还维持在 50～60 艘,直至 17 世纪中叶⑤。⑥

五、明代的中日文化交流

在明代,中国文化继续东传,对日本文化的发展产生了深远的影响。与此同时日本文化也开始影响中国,两国文化交流的双向性日益明显。

1.中国文化对日本的影响

(1)文学艺术方面

室町时代,属于汉文学的五山文学占据了日本文学的主导地位⑦。当时,五山僧人掀起了

① 木宫泰彦著,胡锡年译:《日中文化交流史》,商务印书馆,1980 年,第 627 页。
② 沈仁安:《德川时代史论》,河北:河北人民出版社,2003 年,第 120 页。
③ (清)张廷玉等:《明史》卷三二二三,《外国三·日本》,中华书局,1974 年,第 835 页。
④ 《罗山先生文集》卷 12。转引自藤家礼之助著,张俊彦、卞立强译:《日中交流二千年》,北京大学出版社,1982 年,第 184 页。
⑤ Iwao Seiichi:Japanese Foreign Trade in the 16th and 17th Centuries, in Acta Asiatica, No.30, 1976, p.11.
⑥ 何宇:"明清之际中日贸易时代背景初探",《大连大学学报》,2017 年 4 月,第 14～21 页;滕军:"明代的中日关系和贸易往来",《日语教育与日本学研究论丛》(第一辑),2002 年 10 月,第 421～424 页;李德霞:"日本德川幕府与明朝的贸易关系论析",《中国社会经济史研究》,2008 年 12 月,第 60～62 页。
⑦ 中村新太郎:《日中两千年》,吉林人民出版社,1980 年,第 197 页。

学习汉文的热潮,形成了日本历史上的五山文学,即主要以京都和镰仓的五山十刹为中心而发展起来的汉文学。其中有些人甚至越海求教于明,使五山文学大盛。足利义满担任室町幕府将军后,开始整顿五山制度,规定五山僧人学习汉文,入山为僧必须汉文考试及格。统一全国后,室町幕府又派遣五山僧人为遣明使,让他们得以与明朝的文士、僧人等切磋交流。在这种情况下,五山僧人都精通汉文学,杰出作者辈出。

在书法方面,通过寺院教育,日本的书法艺术出现了大众化的倾向。而五山禅僧与明朝书法家的交流,则推动了日本书法艺术的进一步发展。如绝海中津在明期间学楷书于禅僧竹庵,书法挺拔俊秀,时人交口称赞。1401年,仲芳中正入明,因善楷书,曾奉明成祖之命写"永乐通宝"的钱文。嘉靖年间,日本书法家策彦周良两次入明,与明朝的文士切磋诗文、书法。当明使到达日本时,也往往应日方邀请进行文化交流活动,赠送日本僧人墨宝。这些书法交流促进了日本书法艺术的普及和提高。

在绘画方面,随着两国的交流,宋元以来中国的水墨山水画的幽玄娴雅、潇洒淳朴、手法简易、重视气韵的风格渐为日本禅僧吸收。室町前期,日本的"大和绘"走向衰落,而仿宋元画风的水墨山水画风靡一时。奠定日本水墨山水画基础的是禅僧如拙及其弟子周文,而集其大成的则为周文的弟子雪舟等杨。1467年,雪舟随遣明使到中国,除了参加遣明使团的一些礼仪性活动外,主要是访师会友,学禅作画。他曾向明朝著名画家李在、张有声学习中国水墨画的着色、泼墨、晕染技术。雪舟的水墨画气势宏伟,达到了相当高超的境界。他的杰作流传至今的有《四季山水图》《天桥立图》《秋冬山水图》等,都被日本政府作为国宝加以珍藏。室町后期,土佐光信将中国画的技法使用于大和绘,发展了优美的传统技法,使大和绘复兴起来,形成日本画坛上的土佐派。曾任幕府宫廷画师的狩野正信也吸收中国水墨画的技法发展大和绘。其子狩野元信继承父风,折衷和汉,集狩野派画风之大成。此种绘画风格对日本绘画的发展产生了重要的影响,成为以后日本画各种各样发展的起点[1]。[2]

(2)哲学宗教方面

在哲学方面,中国的程朱理学在日本得到广泛传播,至江户初期达到全盛。程朱理学是程、朱等人吸收佛教禅宗思想等因素而将儒学哲学化的产物,因而它与佛学有割不断的联系。南宋以后,面对理学的崛起,中国僧人多禅、儒兼习,宣扬"三教合一",以图挽回佛教的衰颓之势。当时来华的日本禅僧受此影响,回国后也传布宋学。不过,他们把宋学仅作为理解佛学的"助道",目的终究是弘扬禅学。到了室町初期,这种情况也基本没有改变。但随着中国文化对日本的进一步影响,一些禅僧开始专攻宋学经典用以教授禅林同道。如著有《学庸科文》的京都东福寺僧岐阳方秀首先公开设席讲解朱熹的《四书集注》,并为其加注了"和训"。其门人云章一庆专长《周易》和《大学》,并为《大学》作注。其后,五山禅僧专攻儒典者更多,宋学在禅林中影响不断扩大,形成五山禅僧派。

应仁、文明之乱以后,公卿、博士和禅僧为逃避战乱而纷纷离开京城,使儒学逐渐普及于地方。特别是一些五山禅僧到各地建禅寺,讲宋学,形成了以九州的萨摩和肥后为中心的萨南学

---

①家永三郎:《日本文化史》,商务印书馆,1992年,第116页。
②王晓秋:《中日文化交流史话》,商务印书馆,1996年,第94~100页;何孝荣:"明代的中日文化交流",《日本研究论集》,1999年3月,第168~169页。

派和以四国的土佐为中心的海南学派。这些学派在儒学普及的过程中发挥了很大的作用。萨南学派的创始者禅僧桂庵玄树自幼时起就一面参禅,一面学习朱熹的《诗集传》和《四书集注》。1467年,桂庵作为遣明使入明,在苏州、杭州等地游学,钻研朱子学,1473年归国。他应岛津忠廉之邀,在萨摩国(今鹿儿岛县)等地宣扬宋学。1481年刊行了朱熹的《大学章句》,成为萨南学派之祖。他又撰写《家法倭点》,规定了四书五经的日文句读法,在日本朱子学发展史上具有重要意义。①

在宗教方面,佛教虽起源于印度,但是传入日本的却是中国化佛教。因此,日本佛教无论是教派、教义,还是僧人的修行方式等,都与中国佛教有着千丝万缕的联系。13世纪以后,由于幕府的提倡和中国禅僧络绎东渡,禅宗盛行于日本。室町时代,日本禅宗临济派的据点——五山成为日本宗教、学术的中心。此派僧侣在当时政坛上十分活跃,多为幕府的政治顾问,并且在艺术、学术领域也起着指导作用。日本禅宗曹洞派不如临济派活跃,只在农民之间扩大它的影响。由于当时中日僧人往返交流,中国禅宗对日本禅宗的影响进一步扩大,"在禅僧的日常修行中,直到饮食起居,都要不折不扣地再现中国禅宗寺院的规则"②。在政府对佛教的管理方面,足利义满置僧录司,以统辖五山十刹诸寺,令其掌握五山官寺住持的任免、位阶的提升以及订立法式清规等,也与中国封建政府对佛教的管理制度一脉相承。③

(3)自然科学方面

在历法方面,日本自九世纪中叶以来一直沿用中国唐代的《宣明历》。1401年,幕府将军足利义满派遣使节出使明朝,称臣纳贡。次年,明惠帝派遣高僧与日本的遣明使一同返回日本,"颁示大统历,俾奉正朔"④。《大统历》即元代郭守敬所创得《授时历》,较唐《宣明历》更为精确。虽然,日本没有很快使用该历,但私人研习者大有人在,这为江户时期日本编成《新勘授时历》等书及日本改行此历打下了基础。⑤

在数学方面,中国算盘于明代传入日本,对日本数学的发展起到了推动作用。而随着算盘的流行,中国的各种运算方法和口诀也传入日本,这对于日本数学的发展以及向民间的普及起到了巨大的推动作用。与此同时,《算学启蒙》《算法统综》等中国的重要算学著作也相继传入日本。⑥

在医学方面,自明朝建立后,两国医药学交流空前频繁。当时,中医和中药在日本有很大影响。日本人很推崇中国医药,喜欢搜集中国的医学著作。一些日本医生专门到中国来学习中医药学,推动了日本医药学的发展。例如,竹田昌庆于1369年入明,向道士金翁学医,十年后归国,并带回一批中医书籍及《铜人图》等。1452年,日僧月湖入明学医,著有《全九集》《大德济阴方》。1487年,妙心寺僧田代三喜来明学医,历时十二年,拜月湖为师,攻李杲、朱丹溪学说。曲直獭道三于1531年入其门下,学习十多年后于1545年来到京都,设启迪院,传授医学,门徒甚众。1571年著《启迪集》,成为日本汉医"后世派"的骨干。后世派名医辈出,很多成

①何孝荣:"明代的中日文化交流",《日本研究论集》,1999年3月,第170~172页。
②家永三郎:《日本文化史》,商务印书馆,1992年,第114页。
③何孝荣:"明代的中日文化交流",《日本研究论集》,1999年3月,第171~173页。
④瑞溪周凤:《善邻国宝记》(卷中),日本集英社,1995年。
⑤何孝荣:"明代的中日文化交流",《日本研究论集》,1999年3月,第174页。
⑥何孝荣:"明代的中日文化交流",《日本研究论集》,1999年3月,第174~175页。

为将军、诸侯的侍医,影响遍及日本。日本古方派名医坂净运于1429年入明学医,八年后携回《伤寒杂病论》,大力宣扬张仲景的学说,著有《遇仙方》等书。古方派在日本长期流行不衰,对日本医药学界影响很大。此外,日本医家吉田宗桂曾于1539年和1547年两次入明学医。吉田宗桂对本草学颇为精通,故有"日本日华子"之称。1504年至1569年间,日本医家和气明亲、金持重弘、吉田意休等人也先后来中国学习中医和针灸。另外,也有中国医生渡日,在日本传播中国医药学。成化年间,明人陈祖田赴日,在京都行医,传家方"透顶香"。嘉靖年间,明人郑舜功随日僧昌虎首座赴日,传授医术,指导将药种形状画图,并加以日语说明,使药学知识逐渐在日本普及。明末,又有杭州人陈明德移居日本。他精于儿科,著有《心医录》。中国医药学在日本的传播,也同时促进了日本本草学的研究。1607年,李时珍的《本草纲目》传入日本。曲直濑玄溯从《本草纲目》中"摭至要之语",又增添药品,撰成《药性能毒》。此后,日本陆续出现了《本草纲目》的各种版本,日本的本草学著作也开始大量出现①。②

(4)手工制作技术方面

由于这一时期日本茶道的流行和欣赏中国瓷器风气的普遍化,使瓷器的需求量大增,从而也刺激了日本人学习中国的瓷器制造技术,烧制陶瓷器。日本陶艺家伊藤五郎太夫于1510年随遣明使了庵桂梧入明,在饶州府浮梁县景德镇学习陶瓷技艺。他随日本使节回国时带回了大量中国瓷土和釉料,在日本肥前伊万里筑窑,开创了日本青花瓷器制作先河,被日本人民尊称为"瓷圣"。此外,由于日本僧人不断访问中国,带回许多天目茶碗,受到热烈欢迎。濑户窑受此影响,也仿制许多黑釉的天目茶碗,一般称为"濑户天目"③。④

在漆器制作技术方面,明朝堆红堆黑技术传到了日本。所谓堆红堆黑,就是在器物上先用红漆或黑漆涂抹数层,然后以雕刀镂刻人物、花卉、鸟兽、楼阁等各种花纹。日本人运用这种技术,仿制了很多漆器。在金属工艺方面,日本庆长年间,平田道仁从朝鲜人那里学到中国烧制景泰蓝的先进工艺成为将军家烧制景泰蓝的匠师,代代相传,尾张七宝村遂成为日本烧制景泰蓝工艺的名地。⑤

在印刷技术方面,室町时期的五山各禅寺竞相刊刻禅僧语录、诗文集、僧侣传记、儒学书籍等,在这些刻书事业中都有中国雕工参与。因此,当时所刊各书大抵为宋、元版的覆刻,即非覆刻,也多酷似宋、元之版。著名的中国雕工有陈孟千、陈伯寿、陈孟荣、俞良甫等。陈孟千、陈伯寿为福州南台桥人,刮字工,元末明初时应日本人招聘而东渡。陈孟荣为江南人,参与了临川寺的雕版工作,刻有《宗镜录》《蒙求》等书。俞良甫为福建莆田人,元末避乱日本,参与了京西嵯峨寺的雕版工作,刻有《般若心经》、李善注《文选》、《唐柳先生文集》等。除了帮助日本刻书以外,俞良甫、陈孟荣等人还在日本培养新的刻手,这也促进了日本雕版事业的发展。⑥

(5)社会生活习俗方面

①史兰华等:《中国传统医学史》,科学出版社,1992年,第261~262页;李经纬等:《中国古代医学史略》,河北科技出版社,1990年。
②何孝荣:"明代的中日文化交流",《日本研究论集》,1999年3月,第175~177页。
③朱培初:《明清陶瓷和世界文化的交流》,中国轻工业出版社,1984年,第143~146页。
④何孝荣:"明代的中日文化交流",《日本研究论集》,1999年3月,第177页。
⑤何孝荣:"明代的中日文化交流",《日本研究论集》,1999年3月,第177~178页。
⑥何孝荣:"明代的中日文化交流",《日本研究论集》,1999年3月,第178页。

日本的茶种和饮茶风俗皆源于中国,茶在日本起初主要被用于治病和僧侣修行。14 世纪,日本的入元僧把中国唐式茶会介绍到了日本,成为一种社交联谊活动。起初,它主要流行于统治阶级内部,后来逐渐普及于下层民众中。15 世纪下半叶,村田珠光开创了具有禅味的点茶法成为日本茶道之祖。后来千利休集其大成,使茶道平民化,并提出茶道的基本精神在于和敬清寂与禅宗的自我修养精神互为表里。这样,茶道终于成为加强联谊、陶冶性情的重要生活习俗,受到了日本人民的喜爱。①

另外,这一时期的日本各大寺的建筑结构、布局及殿内佛像的供奉等完全是中国宋元禅寺的翻版。同时,受中国的影响,日本盛行建造庭园。1398 年,足利义满统一全国后,在从西园寺家承袭来的北山山庄里营造了一座金阁。这座金阁采取了日本寝殿式和大陆"唐样"的折中式样,但主要以模仿中国庭园建筑为特征。其"枯山水"式的庭园最早是仿造中国苏州、杭州等地山水的意境,其中每个石头的命名都有中国典故。与建筑式样相一致,日本建筑内部的装饰也有中国文化影响的印迹。一些建筑内部陈列着众多的中国宋、元、明各代器物供人欣赏。特别是当时流行的唐式茶会,其室内装饰使用器物几乎全是宋、元、明的,墙上挂着中国的长幅字画,室内摆着中国的精美茶壶、茶碗等。②

在服装与饮食方面,中国棉花种植技术和棉布的传入可以说对日本的服装发展有着非常重要的影响。室町中期以前,日本人只能用麻、葡蟠之类粗硬的纤维或者相当昂贵的生丝作衣料。后来,日本从中国、朝鲜引入了棉花种子及其栽培技术,室町后期在以三河为中心的地区进行栽培。于是棉布逐渐成为日本人日常生活中不可或缺的衣料。在纺织技术方面,日本天正年间,明织匠至堺市,传入织造纹纱、绉纱类的技术,一时产品大受欢迎。不久,这些技术又传到京都,从此奠定了西阵机织业兴盛的基础。③

2.日本文化在中国的传播

随着日本社会生产力的发展,中日文化间双向交流的性质至明代开始明显,日本的一些手工业技术和兵器制造、使用技术也传入了中国。

(1)手工业技术方面

日本的折扇、泥金漆、软屏风等的制作技术先后传入中国。折扇起源于日本,北宋时已传入中国。但是因为当时输入有限,中国未能仿制,因此社会中一般仍用团扇。明代永乐以后,随着中日朝贡贸易的进行,日本折扇大量输入中国,中国得以仿制,折扇因此在中国大为流行。日本的漆器和漆器制作技术最先都是由中国传入日本的,之后经过多年的探索发展,到了九至十世纪的时候,日本发明了泥金画漆之法。明宣德年间,派漆工杨埙赴日学得此法,所作"缥霞山水人物,神气飞动,描写不如,愈久愈鲜"④,人称"洋倭漆"。日本的软屏风于北宋时输入中国,明弘治年间以后中国开始仿制,软屏风在中国逐渐普及。

---

①樋口清之:《日本人与日本传统文化》,南开大学出版社,1989 年,第 109～119 页;何孝荣:"明代的中日文化交流",《日本研究论集》,1999 年 3 月,第 173 页。
②何孝荣:"明代的中日文化交流",《日本研究论集》,1999 年 3 月,第 173～174 页。
③横井时冬:《日本工业史》第 118 页,转引自《中国文化对日韩越的影响》,第 481 页。
④郎瑛:《七修类稿》卷四十七。

（2）兵器制造、使用技术方面

在与日本的交往中，日本的一些兵器制造、使用技术也传入了中国。首先是日本刀法。日本的炼铁技术最早是从中国传入的，经过长期的研制，日本后来制造出锋利无比的日本刀，并创造出一套独特的日本刀法。元、明时期，横行的倭寇正是利用手中的日本刀和日本刀法在中国东南沿海一带为非作歹。明朝时期，日本刀的铸造技术虽然未能为中国人掌握，但是嘉靖年间抗倭名将戚继光在实战中得悉了日本刀法，提高了部队的作战能力，并在所著的《纪效新书》中写有"日本刀谱"。后来，茅元仪的《武备志》和程宗猷的《耕余剩技》中也都载有日本刀法。

其次是明嘉靖年间，日本鸟枪的制造和使用技术从日本传入了中国。鸟枪又称鸟嘴铳、鸟铳。不过在日本鸟枪制造、使用技术传入中国后，起初没有得到足够的重视，明朝仿制的鸟枪粗制滥造，士兵演习少，使用也不得要领，因而影响了部队的战斗力。因此，明朝的将领和兵器专家又对日本鸟枪的制造和使用方法进行了细致的观察和研究，先后制造出"迅雷铳""自生火铳"等改进型鸟枪，并提出了一些对付日本鸟枪的战法。[1] 虽然这些日本兵器的制造和使用技术传入中国是建立在双方军事对抗的基础上，也主要用于军事目的，但客观上它们也对中国军事技术的提高和文化的发展有着积极的作用。[2]

课后练习题

一、填空题

1."勘合贸易"，实质上是一种_____。

2.1553 年至 1557 年前后是倭寇灾难最严重的几年，最终把倭寇问题彻底解决的是民族英雄_____。

3."朱印"指的是盖有幕府将军红色印章的海外贸易许可证。持此许可证的贸易船被称为_____。

4.1467 年，_____随遣明使来到中国。他曾向明朝著名画家李在、张有声学习中国水墨画的着色、泼墨、晕染技术。

5.17 世纪初，李时珍的《_____》传入日本。

二、判断题

1.明朝初期，由于明朝统治者做出诸多努力，中日关系得到了很大的恢复和发展。（　　）

2.《宣德条约》中规定：日本十年一贡，来贡者不得超过两百人，船只两艘，凡来贡船必须持有明朝发给的勘合符，经对照合格后才能上岸。（　　）

3."宁波争贡事件"导致中日之间的海上贸易彻底断绝。（　　）

4.佛教虽起源于印度，但日本佛教无论是教派、教义，还是僧人的修行方式等，都与中国佛教有密切的联系。（　　）

---

[1] 南炳文："中国古代的鸟枪与日本"，《史学集刊》，1994 年 5 月，第 60～66 页。
[2] 何孝荣："明代的中日文化交流"，《日本研究论集》，1999 年 3 月，第 179～180 页。

5.日本陶艺家伊藤五郎太夫曾于景德镇学习陶瓷技艺,归国后开创了日本青花瓷器制作
先河,被日本人民尊称为"瓷圣"。   (   )

三、思考题

结合以下内容,谈谈你对明代中日文化交流的理解。

虽说中日两国在 14 至 17 世纪前后,都存在诸多内政问题,阻挠了中日国家关系正常充分
的发展,但在这近三百年里仍有许多形式不一的、不连续的、多种多样的交流。如果把隋唐时
期中日文化交流的特点归纳为政治制度的交流,把宋元时期中日文化交流的特点归纳为宗教
文化的交流的话,那么明代中日文化交流的特点便可以说是贸易往来的交流。

四、论述题

结合教材内容,自主查找并阅读相关资料,简述明代"勘合贸易"制度的发展及历史意义。

第九课

清代海禁政策与中日文化交流的多样性

核心知识点

1.清初中日贸易格局及其演变；
2."展海令"后的对日航海贸易状况；
3.清代中日文化交流的概况。

导读

　　清朝(1636—1912年)与日本江户(1603—1867年)、明治(1868—1912年)时代大致处于同一时期,属于古代中日文化交流史的末期。清朝建立以后,继续施行"海禁"政策,严禁沿海居民出海。进而颁布"迁海令"——"迁沿海居民,以恒为界,三十里以外,悉墟其地"①,致使东南沿海的航海贸易再次遭受沉重打击。康熙二十三年"开禁"后,清政府仍然对航海贸易进行严格限制。尽管在这样的政策高压管控之下,中日之间的航海和贸易,仍然以日本长崎港为主要交易地点,展开商贸与文化交流。

　　在漫长的古代中日文化交流史上,两国的文化交流主要以日本吸收中国文化为主流,并借助中国学习西方的先进文化。江户时代可以说是中日文化交流发生逆转的准备期,而在明治维新以后,两国文化交流格局开始发生转变。在这一阶段,中日两国文化交流的内容更加广泛,交流途径也更加多样化。

一、清初中日贸易格局及其演变

1.清初的海外贸易政策

　　清朝初期,面对缺乏铸钱币的铜等材料的局面,清廷开始鼓励民众出海贸易。1645年,清政府颁布命令,给予商人符信,允许有财力的商人出海贸易,到东南亚、日本贩铜②。但是,随着战局的变化,为了打击郑氏集团,使之不能获得陆上的物资,清政府开始控制海上往来的洋

①《重纂福建通志》海防篇。
②《皇朝掌故汇编》(内编卷一九),《钱法一》,《近代中国史料丛刊》三编(第十三辑),文海出版社,1973年,第2008～2009页。

船,海外贸易政策逐渐收紧。1652年,清政府发布洋船管理的命令,"其往来洋船,俱着管理,稽查奸宄,输纳课税"①。由于清军在海上实力较弱,对于海上船只的控制起不到多大的作用。为了更严厉控制出洋船只,1655年清政府命令沿海省份"无许片帆入海,违者置重典"②。此命令虽严,但事实上并非完全禁绝商船出海,只是要求船舶出海须在官府控制下,有执照才能出海。以下规定中即可看出:

> 海船除给有执照许令出洋外,若官民人等擅造两桅以上大船,将违禁货物出洋贩往番国,并潜通海贼,同谋结聚,及为向导,劫掠良民;或造成大船卖与番国;或将大船赁与出洋之人,分取番人货物者,皆交刑部分别治罪。至单桅小船准民人,准民人领给执照,于沿海附近处捕鱼取薪,官汛官兵不许扰累。③

所谓"海船除给有执照许令出洋"是指出海到日本进行贸易的商船需得到官府许可。这也是清政府为了获取铸币的铜材而采取的不得已的做法。为了彻底解决郑氏集团的问题,1661年,清政府在东南沿海几省实行迁海政策,规定沿海的官员、兵民不得出海贸易。

> 福建、浙江、江南三省所禁沿海境界,凡有官员、兵民违禁出界贸易,及盖房居住,耕种田地者,不论官民,俱以通贼处斩,货物家产俱给讦告之人。④

然而事实上,"迁海令"对于控制沿海的将领、官员来说并没有多大的限制。这一时期的一些官员,特别是控制闽粤两省的藩王会派船出海贸易。例如,日本史籍《华夷变态》《通航一览》《唐通事会所日录》中记载一些船只就是由沿海藩王派出到日本进行贸易的⑤。迁海与海禁期间,中国沿海的贸易已经衰微,但是海外贸易仍在继续。清政府无力控制沿海的官员、将领到海外贸易,对于郑成功的船队更是无能为力。从明末以来,郑氏集团就控制了东南沿海的贸易,往来商船必须持有郑氏给予的符信,向他们交纳费用。可以说,从17世纪40年代到1683年,中国沿海的海上贸易主要以郑氏集团的船队为主⑥,并且主要集中在东南沿海。⑦

2.郑氏集团与对日贸易

1644年清军入关后,全国各地掀起了广泛的反清运动。郑成功是反清复明运动的重要代表之一,也是这一时期中日航运贸易的重要推动者。郑成功(1624—1662年),福建泉州南安县石井人。其父是明末大海商郑芝龙,其母是日本平户侯藩士田川七左卫门之女。他出生于日本平户岛千里滨,7岁时回国读书习武,21岁入南京国子监。清兵入关后,郑成功积极扶助南明王朝,拥立唐王朱聿键在福州继称隆武帝,被赐姓朱,名成功,封为忠孝伯,挂招讨大将军印。从此又称其为"赐姓爷"或"国姓爷"。1646年,郑芝龙降清后,郑成功斥父"不顾大义",与其父决裂,并以厦门、金门为基地,举兵海上,开展反清复明斗争,而郑氏集团的经济来源就是开展海上贸易所获得的巨额利润。⑧

郑氏集团维系着一支庞大的贸易船队,其对外贸易范围十分广泛。从日本长崎至琉球群岛、东京、广南,以及东南亚各地,包括柬埔寨、暹罗、北大年、柔佛、马六甲、爪哇、西里伯群岛和

①《敕谕刘清泰报抚郑成功等稿》,《明清史料》丁编,第一本。
②蒋良骐《东华录》卷七,齐鲁书社,2004年,第109页。
③光绪《钦定大清会典事例》卷六二九,《兵部兵律关津》,续修四库全书本。
④光绪《钦定大清会典事例》卷七七六,《兵部兵律关津》,续修四库全书本。
⑤焦鹏:"清初潮州的对日海上贸易",《潮学研究》(第13辑),汕头大学出版社,2006年,第75~95页。
⑥冯立军:"清初迁海与郑氏控制下的厦门海外贸易",《南洋问题研究》,2000年12月,第88~90页。
⑦焦鹏:"清初中日贸易格局演变与乍浦港之兴起",《中国社会历史评论》,2013年10月,第375~376页。
⑧松浦章著,张新艺译:《清代帆船与中日文化交流》,上海科学技术文献出版社,2012年。

吕宋,其中尤以同日本、东京、暹罗的贸易最为密切。[①] 在对日贸易方面,郑氏集团"每岁发船长崎,货殖以厚军备之利"。据荷兰商馆日记记载,1649 年和 1650 年各有郑氏 1 艘大船抵日本长崎港。1650 年的那艘装载生丝达 12 万斤,而当年中国走私输入日本生丝的总量不过 16 万多斤。从 1651 年起,郑成功船队对日贸易开始发展,并于 17 世纪 50 年代中期进入高峰,估计每年抵日商船可达 40 艘左右。据 1656 年 2 月 1 日荷兰东印度公司总督府的政务报告称:

自 1654 年 11 月 3 日最后 1 艘荷兰船起航,到 1655 年 9 月 16 日为止,由各地入港(指长崎)的中国帆船为 57 艘,其中安海船 41 艘,大部分为国姓爷所有。另外还有泉州船 4 艘,太泥船 3 艘,福州船 5 艘,南京船 1 艘,漳州船 1 艘及广南船 3 艘。

正如日本商馆日记所记载的详细清单显示,上述帆船除运载 14.01 万斤生丝外,还运来了大量的丝织品及其他货物。这些,几乎都结在国姓爷账上。[②]

据日本学者岩生成一在研究日本、荷兰和英国等文献的基础上所做出的关于清初赴日的中国商船数目的统计资料显示,从 1647 年至 1662 年,在由郑成功控制东南沿海的 16 年中,抵日华船数除第一年为 30 艘外,余者每年均近 50 艘,每年单就对日本的直接贸易额就约有 216 万两,可获利 55 万两。[③]

郑成功去世后,其子郑经秉承遗志,继续发展海外贸易。虽然清政府实行的海禁政策给郑氏集团的贸易带来很大打击,然而海禁并没有使大陆与台湾之间的贸易完全停止。在"迁海令"颁布 13 年后,即 1674 年,英国仍然认为"如能与台湾通商,即犹如直接与中国大陆、日本及马尼拉通商也"[④]。这也说明了在郑经统治台湾时期,中国台湾仍然是日本、中国大陆及南洋的交通中心。郑经为繁荣台湾经济,曾积极开辟外贸货源。为此他努力发展蔗糖生产并建立起蔗糖与鹿皮的专卖制度。据英国人记载,郑经"完全独占砂糖、鹿库及台湾所有土产""与日本进行贸易,获利颇丰,年平均有十四五艘大船前往彼地"[⑤]。而据《台湾省通志》记载:"郑经平均每年有五十艘商船前往日本"。1681 年,郑经去世。1683 年,郑经之子郑克塽献地归清。这也标志着郑氏集团与日本之间贸易的结束。[⑥]

二、康熙开禁后的对日航海贸易

1683 年,清政府平定郑氏集团后,于第二年发布了"展海令",准许商民出海贸易。并在广州、厦门分别设立粤、闽海关,1685 年,在宁波、上海分别设立浙海关、江海关。开禁后,长期被禁锢的中日民间贸易得到解脱。同时,清政府为铸币需要,也鼓励商人赴日采铜。此时正值日本实行锁国政策,仅准许中国船和荷兰船进入长崎贸易。于是,中国商船纷纷驶往长崎港。据统计,1685 年,即开放海禁的第二年,驶往日本的商船就有 85 艘,比前一年增加了 2 倍多,随后的几年,赴日船只持续增长。1686 年为 102 艘,1687 年增至 115 艘,1688 年高达 193 艘。

①Iwao Seiichi:Japanese Foreign Trade in the 16th and 17th Centuries, in Acta Asiatica, No.30,1976,p.12.
②岩生成一:《近世日中贸易数量的考察》。
③杨彦杰:"一六五〇年至一六六〇年郑成功海外贸易的贸易额和利润额估算",《福建论坛》,1982 年 5 月。
④《十七世纪英国台湾贸易史料》。
⑤赖永祥:《郑英通商关系之检讨》,《台湾文献史》卷十六。
⑥任鸿章:"明末清初郑氏集团与日本的贸易",《日本研究》,1988 年 12 月,第 45～46 页。

同年,随船赴日的中国人多达 9 千余人次①。上述商船,除从江苏、浙江、福建、广东等港口出发的以外,还有转东南亚地区货物的中国商船。

这些中国商船由于出发的地点不同,装载的货物也有差异,一般来说,江、浙船只多载运生丝、绢帛、绸缎、毛织品、陶瓷器、书画古董、笔墨纸砚、漆器、各种药材,以及针、线、扇等商品。闽、广和东南亚地区的船只多装砂糖、棉花、香料、木材、藤条、皮张、珍奇鸟兽等。中国的货物,不但被日本的上流社会所珍爱,而且一般百姓也十分喜欢。中国商船返回时,主要带金、银等贵重金属,还有铜。另外,像海参、鱼翅、海带、鲍鱼干等水产品,昆布、茯苓、五倍子、樟脑、人参等药材以及土特产品和手工艺品,亦"抵货入中国"。

在清代的中日贸易中,铜的进口占有突出的位置。这不仅因为大量的日常生活器皿以及浇筑铜佛、铜钟、铜香炉等需要铜做原料,尤其是铸造铜币,需要耗费大量的原铜。中国最主要的产铜区在云南等边远省份,不仅产量少,而且长途运输费用高昂,所以从明代开始,中国就不断从日本输入"洋铜"。清朝初年,铜的供求矛盾更加突出,到日本购买原铜,越来越为清政府所重视。《清朝文献通考》记载,日本"国饶铜,我国鼓筹所资,自滇铜而外,兼市洋铜,安徽、江西、江苏、浙江等省,每年额办四百三十万斤"。为了保证买运洋铜,清政府还做出了种种照顾,如免征关税等。乾隆年间,丝价上涨,朝廷禁止丝绸出洋,洋铜商人则特准"照旧携带"。但是凡属采购洋铜船只,进口后首先必须在江、浙海关报验,所带洋铜不得自行售卖,按额数解铜入关,剩余部分才可自行处理。

据调查,当时日本共有铜山 50 座,矿工 20 万,加上烧炭、冶炼等工人,不下 30 余万人。为了把铜运输出来,仅大阪和长崎之间有船只近千艘,船工在万人左右。这些铜大部分用于出口,且主要是运往中国。据日本资料记载,自 1684 年到 1697 年的十四年间,日本共向中国输出铜近六千万斤。日本的铜输出量不断增加,导致采掘过多,产量日趋下降。另一方面,中国货物虽然经由许可入境的中国、荷兰商船载运到长崎,但因数量有限,供不应求,故造成价格骤增。18 世纪初大部分中国商品在广州和在长崎的差价为 2～3 倍。而日本国内当时的手工业生产并不发达,无多少货物可以同中国商人进行交换,只好以白银来支付差额。② 在中日贸易中,金、银等贵金属和铜的大量外流,引起了德川幕府的恐慌。

1685 年,日本政府发布了长崎贸易限制令,规定每年中国商船的贸易额不得超过 6 000 贯(1 贯约合中国旧制银 100 两),额满之后,其他商船一概不许交易,这也就是所谓的限额贸易。③ 然而,这些限制并不能达到预期的目的,因大量无法交易、被勒令退回的中国商船仍徘徊在长崎一带,从事秘密的走私贸易,因此日本的金、银、铜照样大量流出。为了更有效地控制贸易,制止金、银、铜的大量外流,日本政府在 1688 年对船数也做出了限制,限令每年入港数为 70 艘,其中春季 20 艘,夏季 30 艘,秋季 20 艘,并根据起航地点做了适当的分配。交易额为 10 万两,并于次年在长崎设"唐馆",以控制中国商人的活动。然而,海上走私与秘密交易已经达到防不胜防的地步。为此,日本政府于 1715 年颁布"正德新令",规定了赴日唐船须持信牌入港,每年限额 30 艘,交易额为 6000 贯,加上代替物,不超过 9000 贯;唐船每年输出铜量不超过三百万斤,铜不够,以他物代替等。围绕着限额贸易问题,日本政府还陆续颁布过不少命令,总

①大庭修著,徐世虹译:《江户时代的日中秘闻》,中华书局,1997 年,第 19 页。
②李金明:"清初中日长崎贸易",《中国社会经济史研究》,2005 年 9 月,第 45 页。
③董志文:《话说中国海上丝绸之路》,广东经济出版社,2014 年,第 110～112 页

体来说是日趋严格。至幕末时,往日清船被限定为 10 艘①,贸易定额仅有银 2 740 贯目。

与此同时,清政府也对赴日办铜商船严加控制。这样,中国对日航运商船数便日益减少,如 1732 年 29 艘,1736 年 25 艘,1739 年 20 艘,1742 年减少至 12 艘。在此期间,因江、浙商品经济的发展,使赴日的江、浙船在数量上已逐渐压倒福建船,普陀山也成为中国商船驶往长崎前的主要集泊场所。乾隆初年,清廷因滇铜产量大增,对日铜之需求稍缓,着手整顿赴日采铜航运贸易,转以官商与额商"采办洋铜"。如 1749 年规定,"每年额定十五船,除官商范清注铜船系领帑办铜外,民商自办者共十二船,应请即以见办十二人为额商,每年发十二船,置货出洋"②所谓航运办铜十三家之称,即源盖于此。清廷官、额商赴日,船数不一,1749 年至 1766 年官七额八,1769 年官七额六。以后按此例延续多年,到 1804 年,仍为官五额六③。这种官、额商并举的航运状态,直至 1853 年才告一段落。④

清代的中日贸易由于受到江户幕府各项政令的限制,日趋衰微,直至日本明治维新,均无复起色。历经了两个多世纪的中日长崎贸易,也在时代潮流的大趋势下发生了剧变。晚清时期,中日两国在相同的国际条件下,经历了相似的遭遇,即在西方帝国主义的武力胁迫之下打开国门,签订了一系列不平等的通商条约。但是,由于日本进行了明治维新,逐步跨进了帝国主义行列,而中国则从 1840 年鸦片战争后,逐步沦为半殖民地半封建国家。这些情况导致了中日之间的航运与贸易形式、交流活动都发生了新的变化。⑤

三、清代的中日文化交流

1.中国文化对日本的影响

(1)文学艺术方面

18 世纪随商船传播到日本的中国经典小说主要有《今古奇观》《水浒传》《三国演义》《醒世通言》《警世通言》《西游记》《聊斋志异》《红楼梦》《世说新语》《剪灯新话》等。大量中国小说在清代被商船送到日本,并在日本广泛传播,受到日本人民的喜爱,丰富了日本人民的精神生活。在日本还掀起了阅读、研究、仿作中国小说的热潮。1792 年,大阪书林编纂的中国俗语辞书《小说字汇》中引用的各类中国文学作品(以白话小说为主)达 195 种之多。⑥ 另据从进口中国图书的日本书商屋田中清兵卫制作的《唐本目录》和《舶载书目》统计,1727 年日本进口中国小说 14 部,1741 年进口中国小说 12 部,1754 年仅九号船就进口中国小说 30 部。⑦ 事实上,当时日本国内接受和传播的中国小说主要有翻译本、刻印本(也称影印本)、翻案本三种形式,其中最为日本文人追捧的是翻案本。所谓"翻案",就是日本人对中国小说加以翻译、仿作、改编或直接取材于中国小说素材创作而成,有的截取中国小说或戏曲的内容情节,配上日本的历史背景、日本人名或日本地名,再适当加上自己的构思。当时很多日本作家都热衷于这种翻案小

①木宫泰彦著,陈捷译:《中日交通史》(下册),商务印书馆,1931 年,第 336~344 页。
②《皇朝文献通考》卷十七,《钱币考》。
③魏能涛:"明清时期中日长崎商船贸易",《中国史研究》,1986 年第 2 期。
④董志文:《话说中国海上丝绸之路》,广东经济出版社,2014 年,第 112 页。
⑤方宪堂:"古代中日贸易概述",《上海经济研究》,1982 年 1 月,第 32 页。
⑥李时人、杨彬:"中国古代小说在日本的传播与影响",《复旦学报》(社会科学版),2006 年第 5 期,第 123 页
⑦冯佐哲:"清代前期中日民间交往与文化交流",《史学集刊》,1990 年,第 63~71 页。

说或读本小说的创作,使日本的翻案小说和读本小说达到了空前绝后的鼎盛时期。如中国《水浒传》的日语选译本有11种之多,尤其受到日本武士的喜爱,还有《日本水浒传》十卷、《女水浒传》四卷、《诙谐水浒传》十卷、《新编女水浒传》六卷等众多不同的中国版《水浒传》的"翻案本"。

江户时代,日本依然很推崇中国的诗歌作品,18世纪抵达长崎的中国商船所运载的货物中都有汉籍,其中除经史子集外,还有小说、诗作、碑帖等。[①] 虽然清代诗歌的发展较之前大有衰落,但诗话作品仍然广泛受到日本人喜爱。清代之前,《诗经》《离骚》《玉台新咏》《唐诗选》等大量中国诗歌典籍就传播到了日本。到了清代,由于活字印刷术的普及,大量唐诗、宋词、元曲等诗歌类书籍在日本传播得更加广泛,当时中国文学的主要形式之一的诗话也随商船传播到日本。据统计,江户时代船载至日本的清朝诗话,有籍可考者约120种。[②] 作为中国诗歌新兴体裁的清代诗话传播到日本后,立即受到日本文人的追捧,在日本出现了汉诗创作、诗集整理、诗话创作的高潮。[③]

在书法绘画方面,日本禅宗三大派之一黄檗宗的创始人隐元禅师不仅精通佛法而且博学多才,擅长诗文书法。隐元及其弟子木庵、即非三人的书法都以大字草书为特色,笔力雄浑,被称为"黄檗三笔",创立了日本书道黄檗流派。隐元弟子独立善于篆隶,赴日后在日本教授书法和篆刻,被称为日本近世唐样体书法第一人的北岛雪山就是他的学生。隐元师徒书画形成的"黄檗文化"对近世日本书画的发展做出了很大的贡献。随着俞立德、朱舜水等人的先后赴日,进一步促进了日本唐样体书法的繁荣。俞立德在宽文初年因为贸易曾三赴长崎,将书法传给长崎书家北岛雪山和细井广泽。北岛雪山曾向隐元及其弟子独立、即非学习书法,又从俞立德那里习得文征明笔法。此外,他又揉合张瑞图书风,自成一家。细井广泽造诣精湛,功底深厚,著有《拨镫真诠》《观鹅百谭》二书,主张由文徵明上溯赵孟頫再祖述王羲之书法。北岛雪山、细井广泽一派的出现形成了以江户为中心的"唐样体"的根源。自"唐样体"盛行后,中国名家书法在日本大量印行,成为习字范本。受其影响,18世纪后期至19世纪40年代,日本书法大家辈出,成就显著。僧良宽研习王羲之、张旭、怀素书法,纯朴自然,自成一家,被后人尊为"日本三僧之一"。同时代的卷菱湖、贯名菘翁、市河米庵三人蜚声书坛,并称"幕末三笔"。卷菱湖曾学欧阳询、李邕、贺知章及其他晋唐名迹,兼善楷、行、草、篆、隶各体,著有《十体源流》,探究各种书本的渊源,对后世的影响很大。贯名菘翁的字苍劲有力,气势雄浑,被誉为"三笔三迹之后第一人"。市河米庵字迹工整秀逸,深得米书神韵,著有《米家书诀》《三家书论》等。

在绘画方面,受中国明代高度发展的版画艺术影响,17世纪的日本画坛兴起了"浮世绘"版画。进入江户时代后,日本画坛人才辈出。例如著名木刻浮世绘画师菱川师宣的作品明显受到中国版画的影响。菱川师宣之后,浮世绘的代表画师如铃木春信、东洲斋写乐、喜多川哥磨、葛饰北斋、安藤广重等人也受到中国版画的影响,常常在创作时参考中国的版画。[④] 在文人画方面,中国绘画对日本的影响非常大。1645年,明僧逸然为躲避战乱来到长崎,他擅长佛像和人物像,向其求教者众多。如当时日本名画家河村若芝、渡边秀石等即为其门徒。明清写生画风从此传开,形成了长崎画派。其后来日的隐元及其他僧人也都精于画艺,其中越尤善于画禅师机缘图。据说号称江户时代南宗画始祖的祇园南海、柳里恭等画家都以能作黄檗各

①吴廷璆:《日本史》,南开大学出版社,1994年,第97页。
②刘欢萍:"日本诗话对清代诗文的接受与批评考论",《东疆学刊》,2010年1月,第111页。
③徐凤:"18世纪中国文学对日传播实证研究",《重庆交通大学学报》(社会科学版),2019年6月,第96～101页。
④常任侠:"中国与日本的文化关系",载《东方文化知识讲座》,黄山书社,1988年。

僧人的画为目标。此后,还有不少长于绘画者,如陈贤、陈元兴、沈南苹、费汉源、诸葛晋、宋紫岩、方西园、朱柳桥等人先后来到日本。他们在日本作画授徒,对日本绘画的发展有着不小的影响。①

在戏曲音乐方面,清代是中国古代戏曲发展的繁荣时期,除原有的杂剧和传奇外,还涌现出一批优秀的作品,地方戏随之兴起。一些中国知名戏曲家的作品也由中国商人传播到日本。如李渔的《闲情偶寄》、蒋仕铨的《红楼梦九种曲》在18世纪的日本广为传播。除此之外,18世纪传播到日本的中国经典戏曲作品还有《琵琶记》《西厢记》《长生殿》《桃花扇》《雷峰塔》《燕子笺》《白蛇传》等。当时中国戏曲传播到日本,不仅以上述书籍传播为主,还有中国商人的口头传播。由于当时日本幕府只对外开放长崎一港,中国商人、船员一到长崎就经常口头演唱中国戏曲,深受日本人的喜爱。比如杨启堂、刘圣孚把《九连环》《烧香曲》《彩云开》《八仙祝王母寿》《私下三关》等中国戏曲唱给日本人听。当时的得泰号财副朱柳桥也曾邀请长崎当地的儒官到中国馆饮酒、听戏,让日本人切身感受到了中国戏曲的魅力。② 在音乐方面,黄檗僧将中国佛教音乐带到日本,京都府宇治市黄檗寺至今仍用汉语唱经,并保持传统声腔。名僧心越、兴俦善弦琴,将琴技传授给人见竹洞、杉浦琴川和小野东川等人。此后,在日本儒学者之间就有了琴曲的传统。19世纪初,中国音乐继续经长崎传入日本,称为"清乐",与明末传去的"明乐"合称为"明清乐"。清乐在日本深受欢迎,当时日本全国盛行清乐的合奏。③

(2)宗教方面

江户初期,日本禅宗处于停滞不振的状态。1654年,隐元禅师受邀渡日弘法,在日本佛教界引起了巨大反响。由于这位中国高僧的到来,使沉寂多年的日本禅林为之一振,在长崎唐三寺(即兴福寺、福济寺、崇福寺)掀起了兴禅拜佛的热潮。1655年,隐元又应日本禅宗名僧之邀到本州摄津(今大阪府)的慈云山普门寺开堂演法,并与各寺院的禅僧及京都公卿贵族们交往。1658年,隐元来到江户(今东京市),受到德川幕府第四代将军德川家纲的亲自接见,大老酒井忠胜等高级官员也都来向他问禅。1659年,天皇赐给隐元京都附近宇治的土地营建新寺院。隐元决定以中国的黄檗山万福寺为原型,兴建日本的黄檗山万福寺。1661年,宇治万福寺建成,隐元担任第一任住持。从此日本佛教禅宗又出现一个新的派别黄檗宗,就连禅宗其他宗派曹洞宗、临济宗的禅僧们也都竞相归附其门下参禅问法。1673年,后水尾上皇赐隐元以"大光普照国师"之号。随隐元赴日的弟子有大眉性善、慧林性机、独湛性莹、独吼性狮、南源性派等。随后赴日的弟子有木庵性涛、即非如一等。1665年,木庵来到江户,从德川家纲处请得"山林田园"朱印,增营殿堂,并在江户白金创建紫云山瑞圣寺,在关东开辟了黄檗宗基地。又有福州黄檗山使僧高泉性激赴日,接受灵元上皇归依,屡在宫中说法,并在宇治开创佛国寺,获赐敕额,是黄檗宗中兴名僧。宇治黄檗山万福寺的佛堂建筑、佛像雕塑、堂塔配置、仪式法规等都仿照中国明代禅寺的式样,甚至参禅念佛诵经也用汉音,饮食生活也保持了中国风格。因此传入最晚的黄檗宗比其他日本佛教宗派更富有中国禅学风味。黄檗宗给日本佛教带来诸多影响,成为日后日本禅宗三大派之一。1677年,中国曹洞宗僧心越心俦接受兴福寺澄一之邀赴日,

①何孝荣:"清代的中日文化交流",《日本研究论集》,2001年12月,第329~334页。
②徐凤:"18世纪中国文学对日传播实证研究",《重庆交通大学学报》(社会科学版),2019年6月,第96~101页。
③阴法鲁:"历史上中国和东方各国音乐文化的交流,载《东方文化知识讲座》,黄山书社,1989年。

传播宗风。后为德川光圀接至水户,创建祇园寺。据说,开堂时,听讲信众达一万七千余人①。②

（3）自然科学方面

在医学方面,大批精通医术的中国人于明清之际远渡日本。如王宁宇赴日后在江户开业行医,其门徒森有益、森云仙是幕府医官森家之祖。僧人独立、化外、心越、澄一等人也都通晓医术。隐元的高徒独立性易曾向名医学医。他的医术很高明,尤长于痘科,被日本人奉为神医。他还把自己的医术传授给日本弟子池田正直等人,所传医书有《生理病理图》等7种,及《痘科键》等6部。此外,心越、澄一等人,亦通医学,并把医术传授给日本医生。到了元禄、享保年间,来到日本的中国医师仍然很多,如陈振先、朱子章、胡兆新等。他们的学生也大多成为当时杰出的医官。

中国医药学在日本的传播,也促进了日本本草学的研究。最早在长崎直接向中国人请教本草学的是向井元升。1671年,他参照李东垣的《食物本草》、李时珍的《本草纲目》等典籍,拣选许多实物材料,编成《庖厨备用和名本草》。还有江户初期儒学家、本草学家贝原益轩曾编制出《本草纲目和名目录》,并于1708年完成了著名的《大和本草》。该书对本草做了总的论述,从《本草纲目》的分类法中发展出新的分类法,对各种植物形状、效用、名称做了审查考索。另一位本草学者是生于长崎的卢草硕。其祖父卢君玉从万历中期到崇祯四年滞留于长崎。卢草硕继承祖业,传授本草学。其弟子福山德润著有《药性集要》。德润门下的稻生若水是江户时代最为有名的本草学者。若水门下有松冈恕庵、野吕元文、丹羽正伯。恕庵的门下小野兰山,是日本博物学的巨擘。他汲取了中国以及荷兰本草博物学的成果,在各地讲授本草,曾奉幕府之命带领门徒四处采集药材,1803年著成《本草纲目启蒙》。这一传承是江户时代本草学的主要流派。③

在地理学方面,日本的地理学知识,很多是从清朝学者的地理著作,如胡渭的《禹贡锥指》、阎若璩的《四书释地》、宋翔凤的《四书释地辩证》及《水经》等书籍中获得的。日本学者在研究地理时,将顾炎武的《天下郡国利病书》、顾祖禹的《读史方舆纪要》、马徵麟的《历代沿革地图》、吕输的《历史事迹图》、清高宗敕撰《皇舆西域图》等书作为重要参考书。日本学者还将中国的地图集翻印出版,如岸田吟香的《中外方舆全图》即是清人胡林翼等编的《清一统舆地图》的翻版。长久保赤水是德川中期著名地理学家。据传他根据清朝出版的原图用了二十余年时间编成《日本舆地路程全图》。赤水的另一著作《新制舆地全图》于1844年再版,从附录的图说可知,该著作也是根据清人带来的原图做成的④。⑤

（4）农业方面

首先,是中国农作物的引种。西村甲一曾引据日本史料,叙述了48项栽培技术从中国东传的史实,其中有1654年隐元至长崎时携去的扁豆(日本称为隐元豆),享保年间传去的薏

①木宫泰彦著,胡锡年译:《日中文化交流史》,商务印书馆,1980年,第694～696页;梁容若《中日文化交流史论》,商务印书馆,1985年,第277～285页。
②王晓秋:《中日文化交流史话》,商务印书馆,1996年,第118～125页;何孝荣:"清代的中日文化交流",《日本研究论集》,2001年12月,第323～324页。
③何孝荣:"清代的中日文化交流",《日本研究论集》,2001年12月,第336～337页。
④吴廷璆:《日本史》,南开大学出版社,1994年,第347～348页。
⑤何孝荣:"清代的中日文化交流",《日本研究论集》,2001年12月,第326页。

苣等①。

其次,是中国畜产技术的传播。日本于 1656 年出版《马经大全》,这是一位被日本尊为国师的中国兽医马师问所编。其书的内容编排与中国丁宾序的《元亨疗马集》基本相同。1724年,中国船主施翼亭又携《元亨疗马集》到日本。1727 年,幕府将军德川吉宗为发展养马业,从中国聘请陈采若、沈大成、刘经光,传授养马、骑乘、相马以及马病诊疗技术。其中刘经光为祖传三代的兽医,长于方药、针灸、烧烙、马病诊疗等技术。日本还将这些内容加以整理,编成《清朝马法口传》,颇具影响。

再次,是农业著作的东传。1744 年,《齐民要术》在日本刊行。该书将深受日本推崇的《齐民要术》加了假名、训点,并从中国明代的《农政全书》及其他典籍中摘引不少段落作为注解。明末宋应星的《天工开物》大约在 17 世纪末 18 世纪初传到日本,贝原益轩著作中曾提到该书书名。日本舟船、工矿、造纸、制糖等方面的典籍多有引用《天工开物》,并给予赞誉。明末徐光启的《农政全书》传到日本后,立即受到日本学者的重视。1697 年,宫崎安贞的名著《农业全书》问世,被称为日本第一部重要的"百姓农书"。该书体系、格局大多仿照《农政全书》,论述的农业原理及许多技术细节有些是根据日本的具体特点进行阐述的,有些则是直接转译《农政全书》的内容。因此,日本学者指出,《农政全书》对《农业全书》的编写有着很大的影响,后者甚至可以看成是《农政全书》"精练化了的日本版"②。③

(5)社会生活习俗方面

随着以长崎为中心而开展的经济文化交往的增多,汉语在日本广泛地传播开来。它们被称为"唐音语",在日语中有相当的数量。当时,"不仅在口头语言中有大量唐音语流行于日本,在书面语言中也使用汉字记述外国的地名、人名、专有名词等。如宇田川精榕译《万国地学和解》一书中的国名、地名,悉遵《瀛寰志略》《地理全志》的体例,使用明清以来中国人或西洋人惯用的纯粹中国音的汉字来翻译"④。

在建筑风格方面,因为黄檗宗的兴起,对日本寺院建筑接受明代风格起了很大的作用。过去日本寺院的建筑布局是以经堂和讲堂为主要建筑物,而明代寺院则是前有天王殿,其后为大雄宝殿,最后在日本讲堂的地方代之以法堂、走廊等,到处挂有楹联和匾额。长崎唐三寺以至各地所建黄檗宗寺,也都由明清僧人监控设计,采用了纯粹的明清建筑式样,与日本固有的佛寺建筑迥然异趣。

在饮食方面,黄檗僧人经常食用的唐式点心,如"胡麻豆腐""隐元豆腐""黄檗馒头"等,也传入日本寺院和民间。宇治万福寺前的白云庵也是传布日本各地的中国风格净素烹饪"普茶料理"的发源地。⑤

2.日本文化在中国的传播

清朝时期,不少日本文学、史学书籍传入中国,并在中国产生了一定影响。例如,1794 年,"鸿蒙陈人"重译了《忠臣库》,题为"海外奇谈",《忠臣库》原为日本戏剧本,经过翻译、改编成中文后,在中国流传。清末黄遵宪的《人境庐诗草》中有赤穗四十七义士歌,亦咏此事。再如,日

①西村甲一:"日本与中国农业文化之交流",《农学月刊》,1940 年第 5、6 期合刊。
②浅见与七:《体系农业百科事典》"农书文献"部分,日本农政调查委员会,1996 年。
③何孝荣:"清代的中日文化交流",《日本研究论集》,2001 年 12 月,第 338~339 页。
④轶名:"中国清朝文化对日本的影响",《中日关系史论丛》第一辑。
⑤何孝荣:"清代的中日文化交流",《日本研究论集》,2001 年 12 月,第 339~340 页。

本著名史书《吾妻镜》,记述了从日本安德天皇治承四年庚子(1180 年)至龟山院天皇文永三年丙寅(1266 年)之间的历史。清初,该书传入中国。1814 年,吴江人翁广平对该书进行了校补考订,撰成《吾妻镜补》。尽管该书存在诸多不完善的地方,但在当时国人对日本历史不甚了解的环境下,翁广平的《吾妻镜补》"对中国人民了解日本是颇有帮助的",而且"具有一定的史料价值"①。《吾妻镜》和《吾妻镜补》是清代中日交流史上的美谈,也是当时中日文化交流的历史见证。②

综上所述,清朝时期中日两国贸易交流的途径主要有官方的商船贸易、民间的人员往来以及漂流民。在古代中日经济交流史上,清朝可以说是贸易规模最大的时期,对日本的经济产生了深远的影响。除了经济贸易往来之外,文化交流较前期也更丰富多样。不但商品样式增多,思想文化等精神层面的交流也愈发受到重视。通过商船和民间的人员往来,日本不但获得了丝绸、纸张等生活用品,还有宗教佛经、小说戏曲、书法绘画、医术药材等,既丰富了日本人民的物质生活,也影响着他们的精神世界。汉籍在日本的广泛传播,不仅使日本对中国有了更多的了解,而且以中国为媒介日本接触到了西洋的技术知识。日本对于中国文化采取了接纳融合、取舍重组的态度,在充分吸纳中华传统文化精髓基础上也不排斥积极摄取西方文化新成果,由此衍生出了融汇东西且不失日本本土特色的东洋文化。东西方物质、精神文化养料经由海路贸易传输,通过开放的长崎港进入日本并被接纳与融合,为后来日本"明治维新"提供了多方面的物质、精神条件,日本本土文化与外来的东西方文明互鉴的过程,成为日本向近代化社会转型的重要准备。

课后练习题

一、填空题

1._____是反清复明运动的重要代表之一,也是这一时期中日航运贸易的重要推动者。

2.1683 年,清政府平定郑氏集团后,于第二年发布了"_____",准许商民出海贸易。

3. 17 世纪末,日本实行锁国政策,但准许中国船和荷兰船在_____进行贸易。

4.隐元师徒书画形成的"_____"对近世日本书画的发展做出了很大的贡献。

5.受中国明代高度发展的版画艺术影响,17 世纪的日本画坛兴起了"_____"版画。

二、判断题

1.清初,由于清政府想从海外贸易中获得更多税收,开始鼓励民众出海贸易。　　(　　)

2.在清代的中日贸易中,铜的进口占有突出的位置。　　(　　)

3.由于金银等贵金属和铜的大量外流,引起德川幕府的恐慌,进而发布了长崎贸易限制令。

(　　)

4."正德新令"中规定赴日唐船须持信牌入港,每年限额 70 艘,交易额为 10 万两。　(　　)

5.随着以长崎为中心而开展的经济文化交往的增多,汉语也在日本广泛地传播开来。　(　　)

---

①冯佐哲、王晓秋:"〈吾妻镜〉与〈吾妻镜补〉",载《中日文化交流史论文集》,人民出版社,1982 年。
②何孝荣:"清代的中日文化交流",《日本研究论集》,2001 年 12 月,第 340～341 页。

三、思考题

结合以下内容,请试着总结一下清代中日两国在文化交流方面的内容、特色及影响力。

清朝时期,除了经济贸易往来之外,文化交流较前期也更丰富多样。不但商品样式增多,思想文化等精神层面的交流也愈发受到重视。通过商船和民间的人员往来,日本不但获得了丝绸、纸张等生活用品,还有宗教佛经、小说戏曲、书法绘画、医术药材等,既丰富了日本人民的物质生活,也影响着他们的精神世界。汉籍在日本的广泛传播,不仅使日本对中国有了更多的了解,而且以中国为媒介日本接触到了西洋的技术知识。日本对于中国文化采取了接纳融合、取舍重组的态度,在充分吸纳中华传统文化精髓基础上也不排斥积极摄取西方文化新成果,由此衍生出了融汇东西且不失日本本土特色的东洋文化。东西方物质、精神文化养料经由海路贸易传输,通过开放的长崎港进入日本并被接纳与融合,为后来日本"明治维新"提供了多方面的物质、精神条件,日本本土文化与外来的东西方文明互鉴的过程,成为日本向近代化社会转型的重要准备。

四、论述题

结合教材内容,自主查找并阅读相关资料,简述长崎港在中日文化交流史上发挥的历史作用。

第十课

晚清航运业萌芽与近代中日海上交通的转型

核心知识点

1. 汽船时代的到来与晚清航运业的发展状况；
2. 近代中日航线的开辟与发展；
3. 清末民初时期日本"再生"文化的对华回流。

导读

中国航海史源远流长，是世界航运文明的主要发祥地之一。明代著名航海家郑和先后七次下西洋，遍访亚非各国的航海盛举不仅将中国古代航海事业推向高峰，更是在人类文明及世界航海史上写下了辉煌的一页。但是到了明朝末期，明王朝开始实施对外闭关锁国，对内实行海禁的政策，严重阻碍了中国航海事业的发展。同时，在航海技术、抑商政策等方面埋下的祸根，导致中国逐渐失去世界先进的航海技术，丧失港航业发展的技术支持与经济土壤，从而陷入了长期停滞不前的境地。

到了清初，清政府继续实行禁海政策，一直持续至1682年。由于清朝统治秩序日趋稳定，1683年开始放宽禁海政策，使国内的帆船航运业重新发展。在后续百余年中，由于国力强盛，帆船航运一直处于和平的国际贸易环境之下，海域上的外来势力侵扰较少，内河帆船航运得到了显著发展。如此繁华的帆船航运业使清政府沉浸于"天朝上国"的美梦中，也恰在此时，长江流域的富饶被西方列强盯上，鸦片战争步步逼近。①

19世纪以后，随着西方的势力侵入，中日之间的航运与贸易形式、交流活动都发生了巨大的变化。汽船的出现不但引发了水上交通工具的变革，汽船航运的发展也开启了中日甚至世界航海的新时代。从清末的丧失航权，到战时的同仇敌忾，再到新中国成立后航运业的重生，处于近代航运变革期中的中国航运业一直承担着中华民族发展的底色，展示着彼时中国社会的深刻印记。

---

① 王学锋、陈扬：《中国航运史话》，上海交通大学出版社，2021年，第167～168页。

一、近代中日航运汽船时代的到来

1804 年,美国人罗伯特·富尔顿发明的"克莱蒙特"号蒸汽轮船建成,1807 年,该船在哈得孙河试航成功。[①] 这次载入史册的航行标志着船舶动力开始进入从风力向蒸汽力转变的时代。随后以 1821 年"亚伦·曼比"号铁制汽船的出现为契机,到 1862 年又出现了"班西"号钢铁轮船,船体材料开始进入从木制向铁制转变的时代。[②] 由此,世界船舶从 18 世纪以前的"木和帆"的时代,进入了 19 世纪"铁和蒸汽"的时代,海上交通运输业的近代化也随着以上两种转变的完成而得以实现。

17~19 世纪中日海上贸易的主要形式是中国商船到长崎开展贸易活动,江户时代的日本人把这些中国商船称作"唐船",即中国海洋航行的传统帆船。[③] 19 世纪前半叶,随着西方势力侵入中国,以蒸汽驱动的汽船开始出现在中国沿海,也称火轮船。中国沿海最早出现的蒸汽船,是 1835 年英国怡和洋行的"渣甸"号。1844 年,怡和洋行旗下的汽船"哥萨尔"号在香港和广州航线上定期航行。1850 年,大英火轮船公司使用"玛丽乌德"号在香港和上海间的航路上开展航运活动,中国沿海使用汽船进行运输的情况开始逐渐增多。[④] 香港的华文报纸《遐迩贯珍》在 1835 年第 2 号中刊载文章《火船机制述略》,对当时的汽船特征进行了如下描述:

> 火船于天下无处不到,造之者其数日增月盛,而中土无论官府士商……海船风水皆顺,至速一时辰行不逾五十里,若风水俱逆则咫尺难移,而急谋下碇矣。……惟西邦大火船,能附客数百人。由英国诣花旗国,经大洋计万余里,无论风水顺逆、波涛急缓,行十日即抵其境,其船堪装一万五千至三万担。当风恬浪静。一时辰可行六十里至九十里,即逆风巨浪亦行三十至六十里,似此行速而则准。……中土人皆名之曰火船,或曰火轮船,惟西邦人则名之曰水汽船,因以水汽能鼓之使行也。

可见,中国传统的帆船,遇顺风则 1 小时能前进 50 里,遇逆风甚至可能寸步难行。相比之下,西方的新式航运工具火轮船则具有在海上航行的优越性能,不但作为客运船舶能够搭载数百人,货运亦可搭载 15 000 担到 30 000 担的货物。而且具有航速快,抗逆风能力强的优势。汽船航速可达每小时 60~90 里,即便遇逆风亦能前进 30~60 里,从英国到美国只需 10 日左右即可抵达。汽船的出现极大地加快了人员、物资和信息的流通速度。19 世纪末,随着海外航线的不断增加,国际间的贸易往来和文化交流变得日益频繁。新型水上交通工具的出现,促使中国航运开始了新的交通革命。其后,欧美轮船悄然开始出没于中国沿海及长江流域。1842 年《南京条约》以后,欧美轮船获得了在中国沿海以及长江流域的航线上行驶的权限,中国近代航运进入了轮船时代。

---

①杉浦昭典:《蒸汽船的世纪》,日本电信电话出版株式会社,1999 年,第 67 页。
②松好贞夫、安藤良雄:《日本输送史》,日本评论社,1971 年,第 393 页。
③松浦章:《江户时代唐船による日中文化交流》,思文阁,2007 年,第 11~16、345~361 页。松浦章著,张新艺译:《清代帆船与中日文化交流》,上海科学技术文献出版社,2012 年,第 5~9、247~258 页。
④松浦章:"近代中国汽船时代的到来与文化交流的变容",载李庆新:《学海扬帆一甲子——广东省社会科学院历史与孙中山研究所成立六十周年纪念文集》,科学出版社,2019 年。

与此同时,1853 年,美国佩里的黑船舰队抵达日本浦贺港,这是轮船在日本的首次亮相,同时标志着日本锁国时代的结束。翌年日本港口也出现了大量欧美船只。随着 19 世纪后半叶欧美列强入侵亚洲,抵达中国和日本的西洋式帆船逐渐为轮船所替代。[①] 在此大背景下,中日交流也开始步入轮船时代。

二、欧美轮船公司垄断的早期中日航线

早期的中日航线几乎都在欧美轮船公司的垄断之下。19 世纪中期,美、英、法各国轮船公司围绕中日航线展开竞争。首条连接中日间的定期航线是由英国铁行轮船公司于 1859 年开设的每月两次的上海至长崎航线。该公司又在 1864 年开设了每月两次的上海至横滨的定期航线。当时到日本的外国船只逐渐增多。据《长崎船运名录广告报》显示,从 1861 年 7 月 2 日至 9 月 30 日间,除军舰外,商船入港共 48 艘,出港 49 艘,基本上每两天有 1 艘外国船只驶入长崎港。在入港的 48 艘外国船只中,计有英国籍船只 24 艘(50%)、美国籍 13 艘(27%)、荷兰籍 8 艘(17%)、法国籍 3 艘(6%)。其中轮船至少有英国籍 2 艘、美国籍 1 艘、法国籍 2 艘,合计 5 艘,此外均为三桅帆船、横帆双桅帆、纵帆船等西式帆船。这 48 艘外国船只在抵达长崎之前的出发地,32 艘(67%)来自上海,3 艘(6%)来自天津,2 艘(4%)来自神奈川、新加坡和山东半岛的芝罘,1 艘(2%)来自宁波、香港、阿姆斯特丹和鹿特丹,其余 3 艘来处不明。[②] 从这些数据中也可侧面看出当时日本与上海之间往来频繁,对日本而言是重要的海外航海干线。

1865 年,法国邮船也开设了每月一次的上海至横滨间的定期航线。1867 年 1 月 1 日,美国太平洋邮船公司的"科罗拉多"号驶离旧金山,经由横滨开往香港。这一航行标志着美国至日本横滨和香港的定期航线至此开通。后来又有新建的"伟大共和"号"中国"号"日本"号"美国"号木质明轮投入该航线。随后该公司又开通了横滨、神户、长崎至上海的支线航路。1874 年 4 月,美国太平洋邮船公司开通了连接中、日、美三国的航线,在旧金山搭乘横跨美国的中太平洋联合铁路即可抵达太平洋沿岸的纽约,从纽约或阿斯平沃尔可以再选择各种航线前往英、法、德等欧洲各国。儒勒·凡尔纳所写的著名小说《八十天环绕地球》中描写的便是美国太平洋邮船公司往返横滨和旧金山间的客船"格兰德将军"号。该船是 2 500 吨的大型明轮船,设备齐全,速度相当快,由此可知当时的航运状况。

幕末时期,日本与欧美各国缔结了条约,但一直没有与中国签订条约。直到 1871 年,两国才签订了《中日修好条规》。日本记录与清国缔约概况的《缔结清国实记》中也有记载柳原外务权大丞等人乘坐太平洋邮船公司的"金色年华"号由横滨出发,途径神户、下关、长崎等地到达上海,在北京完成公务后,一行人返回上海乘坐太平洋邮船公司的"纽约号"返回横滨的记录。

① 松浦章:《近代日本中国台湾航路の研究》,清文堂,2005 年,第 1~28 页。
② 松浦章:《近世東アジア海域の文化交渉》,思文閣,2010 年,第 92~93 页。

可见,在日本三菱商会开辟中日间的定期航路前,不论日本人还是外国人,都需要搭乘外国轮船往返中日之间。[①]

三、日本对近代中日航线的开辟

1875年2月,日本三菱会社开设了日本第一条国际定期航路——日本横滨至中国上海之间的定期航线。这条航线的开辟打破了一直以来由欧美轮船垄断中日航线的局面。该航线每周日出发往返上海和横滨之间,途中停靠神户、下关、长崎三个港口,船名为"东京丸"(原名"纽约"号)。三菱会社开设横滨至上海的定期航路后,投入了东京丸(总吨位2217吨,明轮木船)、新潟丸(总吨位1910吨,暗轮铁船)、金川丸(总吨位1150吨,暗轮铁船)以及高砂丸(总吨位2217吨,暗轮铁船)共4艘轮船。[②]

如前所述,1867年,美国太平洋邮船公司开通了从旧金山途经横滨抵达香港的航线,随后又开辟了从横滨出发,经由神户、下关、长崎抵达上海的支线。[③] 之后,三菱会社同太平洋邮船公司展开了对上海航线的激烈争夺,最终以日本收购太平洋邮船公司上海航线的轮船,独占上海航线告终。[④] 1875年9月,三菱会社接到日本政府命令,无偿获得其提供的13艘轮船,并在之后的15年间每年拨付25万日元航运资助金。1885年9月,在日本政府的推动下,三菱会社与共同运输会社合并,创立日本邮船会社。此后横滨至上海的定期航线为"东京丸""横滨丸""萨摩丸"三船每周一次从横滨、上海两港口出航,往返均停靠神户、下关、长崎。[⑤] 从此,这条航线成为中日间的重要航线,往来中日之间的旅客,很多都开始乘坐日本轮船公司提供的定期航船。[⑥]

19世纪末20世纪初期,由于日本邮船会社和大阪商船会社等公司之间的竞争,使得原本单一的横滨至上海的航线逐步丰富起来。1896年,大阪商船会社开设了台湾"总督府"指定的大阪至台湾的航线。1899年,日本邮船会社开设了从神户至天津大沽的每两周一次的直航路线,途经下关及山东半岛芝罘。同年大阪商船会社又开设了途经天津的神户至牛庄航线和途经芝罘的神户至牛庄航线,1902年2月将之合并为神户华北航路。1905年1月,大阪商船会社开设了大阪至大连航线,5月开设了大阪至汉口航线,1906年2月又开设了大阪至天津航线。[⑦] 1918年8月,日清汽船会社开辟了四周一次的大阪至汉口航线,中途临时停靠神户、门司、上海。[⑧]

①松浦章:"清末中日间航运与东亚交流",《史学月刊》,2016年7月,第18页。
②日本邮船株式会社:《七十年史》,1956年,第8页。
③松浦章:《北太平洋航路案内のアーカイヴズ一船舶データベースの一端》,关西大学アジア文化研究センター,2015年,第7~24页。
④松浦章:"近代中国与日本的轮船公司",《淮阴师范学院学报》(哲学社会科学版),2020年7月,第347页。
⑤日本邮船株式会社:《七十年史》,1956年,第30页。
⑥松浦章:"清末中日间航运与东亚交流",《史学月刊》,2016年7月,第20页。
⑦大阪,三井船舶株式会社:《创业百年史资料》,1985年,第16~17页。
⑧浅居诚一:《日清汽船株式会社三十年史及追补》,日清汽船株式会社,1941年,第76、223页。

四、轮船招商局在对日航线开辟中的努力

清政府设立的轮船招商公司(1874年更名为轮船招商局),是官督民办性质的中国近代航运公司。1872年,洋务派代表李鸿章上奏清政府,试图建立轮船招商公司挽回失去的沿海、内河航权。同年5月于上海洋泾浜永安街开始进行筹备,11月从英国和德国购入了4艘汽船,分别命名为"伊敦"号、"永清"号、"利运"号、"福星"号。轮船招商局在成立之初,由唐廷枢担任招商局的总办。唐廷枢上任不到半年就筹集到了47万多两白银,又凭借当初在买办时期的威望招商入股。通过引入股份制经营模式,轮船招商局资产迅速扩大。于是轮船招商局开始广泛吸收航运人才,迅速成长为中国近代航运业的领跑者。① 轮船招商局创立之后,在内河航线方面,开设了从上海,经由镇江、九江抵达汉口的航线,以此对抗英国怡和洋行、太古洋行的轮船航线。除了开辟内河航线,轮船招商局也一直努力打破日本轮船公司对中日航线的垄断,尝试开辟两国间的新航线。招商局曾于1873年使用"伊敦"号、1877年使用"大有"号、1882年使用"怀远"号、1886年使用"海定"号和"致远"号等轮船尝试开往日本。

1.1873年轮船招商局"伊敦号"和"满洲号"的日本航行

"伊敦号"是轮船招商局1872年从英国轮船公司购得的汽船,总重812吨,净重507吨,总长为78.49米,宽度为9.08米,型深为5.63米,航速为12节,是一艘钢质客货两用船。"伊敦"号是招商局历史上的第一艘轮船,也是中国近代民族航海史上的第一艘轮船。② 关于"伊敦"号的日本航行,1873年7月29日的《申报》上刊载的《招商局情形》中有如下记载:

闻招商轮船局现已赁定怡盛洋行旧基之房屋,方在修理,约半月竣工,即可迁居矣。查此局近殊盛旺大,异初创之时,上海银主多欲附入股份者,惟该局本银已足现用,计共银百万之数,分为一百股也。至日后复行添办轮船,或再行招银入股耳。盖由渐推广由渐练习,实创始至妥之道也。前日发船至长崎神户,盖拟在东洋上海常川往来者也。其船名伊敦,惟颇费煤较多用于他船,然长崎煤价甚廉,沿途随办虽费而亦可省矣。此亦可见探远考微细心办事之小效也。或疑秋时既台湾之役,则国家必雇用此局之船,以供载运繁。倘实有此事,则春夏运米,秋冬载兵,生业实莫盛于此焉。③

可见,"伊敦"号在轮船招商局创立后不久就实现了前往日本长崎、神户的航行。其原因之一是该船比其他船用煤更多,而长崎的煤炭价格较低,驶往长崎可以弥补燃料耗费较大的弊端,补偿运费上的损失。关于这一说法,在1873年8月4日的《申报》上一篇名为《运煤说》的文章中也有记载:

煤之有益于人也,其利溥哉,大之可以熔铸铜、铁,转动机器、行走轮船,小之亦可以制造饮食、供给日用、御抗冬寒……现闻新说招商轮船局拟将伊敦轮船往来长崎,购煤来沪,使供诸船之用。西人之深达于治国理财之学者,闻此一事,未免旁观而冷笑也。④

由此可见,轮船招商局的"伊敦"号主要用来购入长崎的廉价煤,在上海市场上提供给其他

①王学锋、陈扬:《中国航运史话》,上海交通大学出版社,2021年,第171~172页。
②陈宇里、谢茜:《中国航海史话》,上海交通大学出版社,2021年,第48~49页。
③《申报》:第384号,1873年7月29日。
④《申报》:第389号,1873年8月4日。

的汽船作为燃料。1873 年 8 月 6 日《横滨每日新闻》的《公开》栏目中也有关于"伊敦"号悬帜的旗帜曾被送到日本外务省登记的报道,这也从侧面证明了"伊敦"号的确到过日本并得到了日本政府的承认。自 1873 年 7 月,"伊敦"号首次驶往长崎后,一年中从上海驶往长崎、神户的航行共进行了 4 次。

此外,《申报》中还出现了另一艘航行在日本航线上的招商局轮船,即"满洲"号。"满洲"号最初是旗昌洋行的轮船,属于美国拉塞尔公司,后来被轮船招商局购买。该船和"伊敦"号同时期共同航行在上海到长崎的航线上。"满洲"号从 1873 年 8 月中旬到同年 11 月上旬的三个月间共承担了 7 次上海到长崎的航行。11 月中旬,再次被拉塞尔公司接管,由该公司继续执行驶往长崎的航行。①

2.1877 年轮船招商局"大有"号的日本航行

1877 年 6 月 15 日,轮船招商局的"大有"号从上海出发,在日本的长崎、神户和横滨三个港口停靠后,于 7 月 23 日回到上海。1877 年 6 月 25 日的《横滨每日新闻》的《杂报》栏目中有记载"大有"号在横滨港入港后与日本轮船"明治丸"发生碰撞事故的报道。由此可以确定"大有"号的确抵达过日本。根据现有资料来看,"大有"号的日本航行只有这一次,在此之前,该船主要是承担上海至宁波间的航行。完成长崎航行后,"大有"号承担了天津和山东烟台的航行,之后主要航行于长江航线和福建福州航线。《横滨每日新闻》曾描述"大有"号为"具有 480 吨运载能力的外车船,船体较小。"The North-China Daily News 上所记载的吨数为 419 吨,从这些资料皆可看出"大有"号是一艘小型汽船。②

3.1882 年轮船招商局"怀远"号的日本航行

轮船招商局的"怀远"号主要承担着上海、香港以及广州间的航行,但曾于 1882 年 7 月下旬到 8 月上旬抵达过日本。有关"怀远"号的日本航行,在 1882 年 7 月 25 日的《申报》(第 3315号)的汽船出入表中记载该船于 7 月 25 日由上海出发,驶向日本的神户和横滨。但没有发现有关该船由日本回航的记录。1882 年 8 月 31 日《申报》(第 3352 号)上记载该船于 8 月 30 日由香港回到上海。由此可知,"怀远"号于 1882 年 7 月 25 日从上海驶往日本,在神户和横滨寄港后驶往香港,之后于 8 月 30 日返回上海,实现了一次驶往日本的临时航行。③

4.1886 年轮船招商局"海定"号和"致远"号的日本航行

1885 年 12 月 15 日大阪的《朝日新闻》(第 2047 号)上一篇题为《上海通信(12 月 9 日发,名古屋丸便)原口新吾报》的报道中记载了有关轮船招商局预计开通上海到日本新航线的消息。1885 年 12 月 16 日的《时事新报》(第 1047 号)登载了一篇题为《中国人汽船会社》的报道。这里的"中国人汽船会社"指的就是轮船招商局。神户荣町的德森号成为招商局在日本办理业务的本店。

随后,轮船招商局的汽船通过新航线到达日本的消息被各大报纸争相报道。1886 年 1 月 7 日的《神户又新日报》(第 493 号)中有篇题为"和清商会"的报道,内容为:"已经记载这次清国上海招商局汽船将要开通上海和当港(神户)间的定期航海,使用轮船一艘,大概本日由上海

---

① 松浦章:"清末轮船招商局汽船和日本",《学术研究》,2011 年 10 月,第 93~96 页。
② 松浦章:"清末轮船招商局汽船和日本",《学术研究》,2011 年 10 月,第 96 页。
③ 松浦章:"清末轮船招商局汽船和日本",《学术研究》,2011 年 10 月,第 96~97 页。

驶达当港。"轮船招商局汽船在神户寄港时,专门负责经办旅客和货物的就是和清商会。1886年1月8日大阪的《朝日新闻》(第2064号)以《招商局汽船新航海》为题对轮船招商局"海定"号航行日本进行了报道:"昨日本报神户通信中所记的清国上海招商局新航海船'海定'号(搭载量一千五百多吨)昨日下午已经由上海到达长崎,记载该消息的电报已到达神户荣町的德森号,今明两天到达神户。"1886年1月9日的《朝日新闻》的《神户通信》中也记载了"海定"号于1月8日在长崎港搭载煤炭,预计1月9日将到达神户,在神户寄港后,将于1月12日驶往横滨的报道。为了招揽乘客,在当日的广告栏中还刊登了"海定"号的出发时间和乘船价格。轮船招商局的汽船从中国运往日本的货物大部分是牛肉和米等,日本运往中国的多数货物为海参、鲍鱼、海带等干制的海产品,这和江户时代的长崎贸易中,中国船只运回海参、鲍鱼和海带等干制海产是大体一致的。①

1886年1月14日的《中外物价新报》(第1127号)以《日清间的海运》为题做了如下报道:

清国招商局汽船开通日清间定期航海,到现在一手垄断了我国到上海、香港的昆布和其他北海物产的输出,欲独占航运之利,这些已经有所记述。同局已经在长崎、神户等主要港口设立支店,百四十二番东同泰(清商馆)经营运输业务,也就是以该商馆为支店,进而在函馆也设立支店,将开通函馆与清国天津间的航路,欲掌握我国海运权。现在同局汽船"海定"号已经于昨日,也就是十二日由神户发船驶往横滨。

可以看出,该报认为轮船招商局开设中国到日本间的定期航路是为了用中国的汽船来运输日本的干海产品,通过航运掌握日本的海运权。各大报纸对轮船招商局的报道一直持续到2月中旬。可见,这个由大国支持下的大型轮船公司的日本航行,使当时的日本业界产生了极大的不安和恐慌。而轮船招商局汽船航行日本感到最为恐慌的是日本邮船会社,当时该社的社长森冈昌纯还曾向日本外务省提出过"善后处置"的申请。他在给外务省取缔局局长鸠山和夫的《清国商船沿海贸易禁止一件》中写道:

日清通商章程的要旨是,使清国船舶难以再经营本邦一港到另一港或数港的运输。通过其他调查书得知,本年一月十四日经由长崎、神户港,到达横滨的清国招商局汽船"海定"号,在神户港搭乘船客三十五名,搭载货物五千余个。另外,一月二十八日由横滨入港的另一艘招商局汽船致远号运来长崎港货物百个,神户货物七千七百余个、船客四十六名。这样,清国船舶开始经营本邦沿海航运业。我社和其他会社都缴纳国税中的船税。(招商局)对本邦船舶营业者损害不小。为了使受影响至今的本邦船舶所有者充分满意,特提出保护申请,禁止前文所述清国船舶直接从事本邦的沿海运输。

在轮船招商局的"海定"号由神户入港、搭载旅客和货物到达横滨,"致远"号由长崎运输货物,由神户运送旅客和货物后,日本邮船会社向外务省提出申请,禁止中国的商船经营与日本沿海运输有关的业务,即禁止中国商船在日本寄港,搭载旅客和货物后向日本国内其他港口运输。

随后,日本政府针对轮船招商局在日本沿海的活动采取了一系列对策。1886年1月16日的《东京横滨每日新闻》(第4532号)明确登载了"外国船乘入规则",规定日本人如果在国内乘坐运费相对便宜的外国船,即便是不出国门,在乘外国船只时需要出示由地方官厅颁发的"乘船证书"。该证书记载该乘客乘船之前的原籍、住址、姓名、所乘外国船只名以及到达目的

---

①松浦章:《清代海外贸易史的研究》,朋友书店,2002年,第382～402页。

地等信息,还规定如果要取得这个证书,每张需要提交手续费十钱,不能由他人代买,不携带该证书不得登船等。可见,对于乘客来说,如果搭乘价格相对便宜的外国船,即便是国内的移动,也需要办理烦琐的手续。在 1886 年 2 月 14 日的《神户又新日报》(第 524 号)中有一篇题为"致远号没有乘客"的文章中写道:

两天前,该船从横滨驶入神户时,连一名乘客也没有(之前到长崎的时候有四名乘客)。昨日,该船由该港出发驶达上海的时候,也没有一名乘客。……最近从当港搭乘招商局汽船的人越来越少。

日本政府颁布的"外国船乘入规则"不仅影响到中国的船只,上述报道中还提到:"彼阿、法邮船会社的汽船也同样,昨日当港到横滨的彼阿会社的'西藏'号,没有一个日本乘客(之前也很少,但也有十人左右)。可见,更改乘坐外国船船票的手续,的确显著影响了外国船。"可以说,承担中日航线及其他国际航线的中、英、法等国公司都因为"外国船乘入规则"的严格实施而受到影响。

晚清时期,中国所设立的大型轮船公司轮船招商局曾多次尝试日本航行,如 1873 年的"伊敦"号、1877 年的"大有"号、1882 年的"怀远"号以及 1886 年的"海定"号和"致远"号。不过从"海定"号和"致远"号的航行状况来看,由于日本方面实行的抵制措施,最终未能达到预想的航运效果。[①]

五、清末民初时期日本"再生"文化的对华回流

随着新航路的开辟、西力东渐和东亚各国的近代化,原本闭关锁国、自给自足、相对孤立的东亚各国联系日益密切,逐渐被卷入整个世界的近代化进程之中。中国与亚洲、欧美各国之间来往的船舶,不仅运送了大量的商品,也促进了各国之间的文化交流,特别是为原本闭塞的清朝输入了先进的西方文化。大批有志青年则远赴重洋,学习国外先进的科学技术,探索救国存亡的革命真理,从而推动了中国的近代化进程。

中日两国是一衣带水的邻国,文化交流的历史源远流长。在近代以前的漫长历史中,作为同属于汉字文化圈的成员,日本文化深受中国文化的影响。隋唐时期,日本曾派遣大批遣隋使、遣唐使、留学生、留学僧来华,学习唐朝的律令制度和佛教、建筑、诗歌等文化。在长期的对华贸易与交往中积极吸纳与融汇了传统的中华文化,所以总体来说在古代,中日文化交流多是中国文化输向日本,而日本则是消化吸收改造中国文化,并在此基础上发展出具有自身特色的民族文化。语言方面来说,古代汉语曾对日语的语音、文字、词汇等方面产生过深刻的影响。

然而,日本在江户时代通过长崎港积极输入与消化吸收了以"兰学"为代表的近代西方文化,又经历了明治维新后的发展,国力日强,东西方文化也在日本完成了社会容受与"再生"。而晚清中国,国力贫弱,清代知识分子看到了政府的懦弱导致的国势衰微,也开始瞩目近邻日本不断强大的发展态势,效法日本、变法维新成为具有时代性的共识,清政府为减少国内矛盾,也提倡鼓励赴日留学。清末赴日留学的人数激增,留学生们积极学习近代日本经验,以期变法图兴。"再生"性的、具有日本特色的近代文化知识,通过赴日中国留学生传播回中国,中日文

①松浦章:"清末轮船招商局汽船和日本",《学术研究》,2011 年 10 月,第 97~101 页。

化交流进入了日本对华的文化回流期。

1.清末民初的留学生派遣

甲午战争不仅改变了东亚国际关系格局,而且使不少中国人改变了传统的日本观。中国的有识之士看到了日本自明治维新以来积极输入西方文化、派遣留学生留学对于日本摆脱民族危机和国家富强的重要作用。清政府的开明官吏纷纷建议向日本学习,广派留学生。

清政府向日本官派留学生,最早是在 1896 年。当时驻日公使裕庚出于使馆工作需要,从国内选拔了唐宝锷等 13 名学生赴日本留学,揭开了中国人留学日本的序幕。这批留学生赴日后由东京高等师范学校校长嘉纳治五郎负责对他们的教育。1898 年维新变法,康有为、梁启超明确主张官费派遣留学,随后中央、地方政府派遣留日学生增至 61 人。进入 20 世纪以后,留学生人数显著增加。1903 年,留日学生增至一千多人,1905—1906 年,留日学生达到鼎盛,人数达八千余人,形成了近代中日文化交流史上盛极一时的赴日留学潮。此后留日人数虽有所减少,但到辛亥革命后的 1912 年,留日学生仍有 1 400 余人。有人统计从 1896 年至 1937 年的 42 年间,中国留日学生总数不下 5 万人。① 清末民初大批中国留学生赴日学习,构成了近代中日文化交流的一个重要内容,对近代中国历史的发展产生了深远的影响。

关于留学生赴日的路线,据章宗祥《日本游学指南》介绍,留日学生赴日主要有南北两条路线:南方的学生从上海出发,先乘船到横滨,然后再换火车到东京。北方学生主要从烟台或天津出发,先乘船到神户,再换火车到东京。航程一般为六七天。

与赴欧美学习自然科学和枪炮军械的留学生不同,赴日留学生主要学习政治、法律、师范等文科专业和军事。这之中也出现了一批著名的科学家,最具代表性的就是著名的数学大师陈建功和苏步青,他们先后在东北帝国大学取得理学博士学位,是最早获得日本理学博士学位的外国人。地质学家李四光早年曾在日本大阪高等工业学校学习船用机械。但总体而言,赴日留学生学文者居多。留学生在日本大量接受现代民主政治和革命观念,推动了近代中国革命的发展。中国近代的许多革命思想和潮流都是通过留日学生大量传回国内的,日本实际上成为清末革命的重要策源地。许多革命人士也常赴日本避难或者寻求援助。国民政府的诸多军事将领,如阎锡山、蔡锷、何应钦、孙传芳等,都有留学日本的经历。

日本也同样是近代中国共产主义运动的重要策源地。中国共产党早期最重要的两位创始人、并称“南陈北李”的陈独秀和李大钊都曾留学日本。此外,周恩来、李达、李汉俊、董必武、陈望道、彭湃等中国共产党一大批元老都曾留学日本,对马克思主义在中国的传播和中国革命的发展起到了极为重要的作用。②

2.清末民初时期赴日留学热潮产生的原因

在古代的中日文化交流中更多的是中国文化输向日本,特别是隋唐时期日本曾经多次派遣使团来到中国学习和交流。但到了晚清却出现了赴日留学热潮。其原因主要有以下几点:

---

①实藤惠秀著,谭汝谦、林启彦译:《中国人留学日本史》的《译序》,生活、读书、新知三联书店,1983 年,第 1 页。1955 年 12 月 8 日,郭沫若曾在早稻田大学讲演《中日文化之交流》时说:“中国留学生人数最多的时间一度曾多达两万人。自 896 年以来,数十年间,虽没有精确统计,我推测恐怕前后应有三十万人。”

②中国航海博物馆:《沧澜航程——中国近代航海史话》,上海书店出版社,2021 年,第 235~236 页。

首先,最根本的原因是处在民族危机之下的中国知识分子们希望通过学习日本先进的科学技术以挽救民族危亡,改变国家贫穷落后的局面。广大知识分子看到日本经过明治维新,向西方学习,卓有成效。因此纷纷主张效仿日本作为救亡图存的一条捷径。他们决定到日本留学,直接了解日本改革的经验,并吸收经过日本引进消化了的西方文化。留日学生编写的留学手册《留学生鉴》中把他们的留日救亡的动机阐述得更加淋漓尽致。

吾人不远万里,乘长风,破巨浪,离家去国,易苦以甘,津津然来留学于日本者,果何为也哉? 留学者数千人,问其志,莫不曰:"朝政之不振也,学问之不修也,社会之腐败也,土地之日狭也,强邻之日薄也,吾之所大惧也。吾宁牺牲目前之逸乐,兢兢业业,以求将来永远无疆之幸福,此则吾之所大愿也。"①

由此可见,当时的中国知识分子们已经认为旧有的东西不足以挽救中国的危亡,只有向国外学习新知识、新思想才是带来光明与希望的正确道路。

其次,随着清末"新政"的推进,需要大批掌握各领域新知识的新式人才,但当时的中国刚刚摆脱了旧式教育,还难以适应培养新式人才的需要。为了应对这种形势,清政府采取了派遣官员出国考察、奖励留学以及招聘外籍教师等措施。与此同时,1903 年清政府颁发了《奖励游学毕业生章程》。其中规定:"留日归国学生凡有日本普通中学堂毕业并持有优等文凭者,给予拔贡出身,分别录用;凡由高等学堂毕业并持有优等文凭者,给予举人出身,分别录用;凡由大学堂毕业者,给予进士出身,分别录用;凡由国家大学堂毕业持有学士文凭者,给予翰林出身,持有博士文凭者,除给予翰林出身外再给予翰林升阶,并分别录用为官。"②1905 年,清政府又正式废除了科举制度,从而迫使知识分子不得不谋求新的出路。因此,留学日本变成了知识分子求取功名,晋身仕宦的途径之一,东渡日本留学的人也就更多了。

再次,日本对留日学生颁布的政策也激励了更多中国人赴日接受教育。由于日俄矛盾加剧,日本希望拉拢中国来制约俄国在东北的扩张,加上各种文化扩张的原因,日本对中国学生留日持赞成态度。在日本政府派要员亲自来华游说清政府向日本派遣留学生的同时,日本教育界人士也是积极行动。1898 年,高楠顺次郎创办日华学堂,教授中国学生日语及各学科。1902 年,日本高等师范学校校长嘉纳治五郎来华视察教育,与张之洞交换了关于中国派遣留日学生问题的看法,回国后立即增设了专门培养中国留学生的弘文书院。③ 该校针对中国学生的实际情况开设日语及普通学科,后来又开设师范科,鲁迅、黄兴、陈独秀等都曾经在该校学习。另外,日本还为中国学生创办了许多特殊的学校,如政法大学、早稻田大学等为中国培养政治财经等方面的人才,实践女学校、东亚女学专为中国女性增设师范和工艺等科。④

最后,中日两国隔海相望,日本的历史文化自古以来就受到中国文化的濡染,两国文字相似,民风民俗接近,日本也是距离中国最近的发达国家,且交通便利,费用花销较欧洲也更少,因此就更有吸引力。

①《留学生鉴》,东京启智书店,第 13 页。
②舒新城:《中国近代教育史资料》(上册),人民教育出版社,1961 年。
③黄福庆:《清末留日学生》,近代史研究所,1975 年,第 8 页。
④计裕人:"清末中国留学生日本热潮的动因",《安庆师范学院学报》(社会科学版),2015 年 4 月,第 115、120 页。

3. "文化回流"现象与赴日留学热潮的历史意义

隋唐时期,日本的留学僧、留学生曾克服海路风险,远赴中国学习进步文化。到了近代,清政府派遣大量留学生赴日,中日两国之间出现了一种文化势差的逆转与回流现象,这给近代中日交流发展带来了广泛而深刻的影响。

首先,抱着救亡图存思想的留学生们在日本接触到了新知识、新思想。他们纷纷创办报刊、编译各种书籍,把日本和西方各国的新思想、新知识介绍和传播到中国大陆。其中不但有经济、历史、法律等方面的书籍,还有科学、社会主义方面的著作。以1902年至1904年为例,3年间共译西书533种,其中日文321种,占总数的60%。据谭汝谦主编的《中国译日本书综合目录》统计,从1896年至1911年,中国翻译日文书籍共计958种。熊月之发现遗漏不少,在此基础上增补至1014种。① 辛亥革命后,又掀起了更大的翻译日本书籍的浪潮。据实藤惠秀编写的《中国人留学日本史》中的统计可知,自1896年至1938年,汉译日文书发行量总计约有2602种。其中最多的是关于政治法律、经济社会问题的书籍,其次是自然科学、地理历史以及文学语学相关的书籍。

除了翻译书籍外,留日学生还创办了大量优秀的刊物。根据张静庐的《中国近代出版史料二编》介绍,在辛亥革命前共创办了49种杂志,而在日本创刊的就有27种。其中具有代表性的有《译书汇编》《新民丛报》和《民报》等。1900年由戢元丞、陈廷栋等人创刊于东京的《译书汇编》主要译介孟德斯鸠、卢梭等人的著作。《新民丛报》于1903年由梁启超、韩文举等人创办于横滨,该报是辛亥革命前资产阶级改良派的重要刊物之一,宣扬变法维新,力倡民族主义。《民报》于1905年由胡汉民、陈天华、章炳麟等人创办于东京。《民报》是中国同盟会的机关报,该报把倡导三民主义视为第一宗旨,是当时进步舆论的中心。通过翻译日本的著作和译作以及创办各类刊物,不仅传播了日本和西方的新知识、新文化,也推动了中国文化教育事业的发展,对中国近代社会思想文化的演变和发展产生了深远的影响。

文化回流的另一个典型表现是近代日译新词流入汉语。包括现在依然在日常生活中经常使用的词汇,实际上都是那时从日本传入中国的,例如:

取消、引渡、神经、盲肠、细胞、温度、革命、意志、改良、客观、空间、文学、哲学、美术、科学、体操、人口、卫生、普通、阶级、解决、取缔、反抗、恐慌、出版、权限、商品、投票、海事、海军、国防、航行、航运、会计、财务、财政、现金、证券、外资、会话、电话、广告、矿物、承诺、特许、记者、主席、党员、理事、法院、警察、民法、民权、机关、企业、乘客、首都、共和、瓦斯、俱乐部、博物馆、传染病、植物园、伦理学等。

这些词中的有些词其实是汉语中原本就有的,例如:"文学"一词,语出《论语》,"文学,子游、子夏",本意是"文章博学"。日本人拿来译英文 literature,此时"文学"一词的意义已有所不同了。而有些词语,如"取消、引渡"等词则是日语中的固有词,在江户时期被广泛使用,这些词主要是通过法律方面书籍的翻译借入汉语的。还有些词语如"瓦斯、俱乐部"等词其实是日

---

① 薛桂谭:"从中国近代出版史料看清末西学的传入及近代中日交流",《文化创新比较研究》,2022年第5期,第88页。

本人为了接受西方的新概念而创制出来的词,后来又从日语流入汉语。

　　事实上,在现代汉语基本词汇中有很多像这样的中日同形词,这些同形词中的近代新词部分有一段汉字文化圈新词创造与共享的历史。从 16 世纪末到 19 世纪 80 年代中期左右,很多汉译西书、英华字典等传入日本,其中不少新词、译词为日语所吸收。19 世纪 80 年代中期以后,日本初步完成了以人文、科技术语为主的近代词汇体系的建构,而此时中国引进西学停滞,使中国无法继续向日本提供新的词语。汉语向日语输入词语趋于结束。而由日本兰学家或明治维新以后的启蒙家、翻译家所创制的译词、新词于 19 世纪末开始传入中国,为汉语所吸收。明治维新以后访问日本的中国官吏、文人曾在视察报告或游记中不同程度地使用了一些日语词汇。之后随着翻译日文书籍的热潮,日语词汇被大量引入进来。这些词语的引进不但丰富了汉语词汇,促进了我国语言的进步发展,吸收大量科学方面的新词汇也更加便于介绍近代先进的科学技术,为我国文化发展和社会进步都带来了积极的作用。

　　除了创办杂志、翻译书籍以外,留日学生们为中国的革命事业也贡献出了自己的力量。由于清政府政治腐败,国家贫弱,不少留学生受到了歧视和侮辱。这些遭遇激起了他们的爱国主义和民主革命的思想,他们不满清政府的统治,形成了一股高涨的爱国热潮,其中不少留日学生逐渐从爱国、改良走上革命的道路。清末民初的社会环境,让留学生群体往往展现出高度的政治积极性,许多人满怀革命热忱。正如孙中山所说:"赴东求学之士,类多头脑新洁,志气不凡,对于革命理想,感受极速,转瞬成为风气。"①特别是民国时期的留学高潮中,涌现了不少杰出人才,他们后来成了著名的革命家、教育家和作家。如邹容、陈天华、黄兴、秋瑾、鲁迅、宋教仁、廖仲恺、陈独秀、周恩来、郭沫若、李大钊、郁达夫、田汉、欧阳予倩等。他们广泛接触日本各阶层人物,深入开展文化交流,不仅积极接受和宣传革命思想,还组织了许多革命团体,踊跃参加和领导了推翻封建统治的武装斗争,为革命运动做出了不可磨灭的贡献。

课后练习题

一、填空题

1.1853 年,美国佩里的黑船舰队抵达_____,这是轮船在日本的首次亮相,同时标志着日本锁国时代的结束。

2.日本在江户时代通过长崎港积极输入与吸收了以"_____"为代表的近代西方文化。

3.清政府设立的_____是官督民办性质的中国近代航运公司。

4.《民报》是中国同盟会的机关报,该报把倡导_____视为第一宗旨,是当时进步舆论的中心。

5.《_____》以后,欧美轮船获得了在中国沿海以及长江流域的航线上行驶的权限,中

────────

① 孙中山:《有志竟成》,《建国方略 心理建设》第八章,《孙中山选集》上卷,第 175 页。

国近代航运进入了轮船时代。

二、判断题

1.首条连接中日间的定期航线是由日本三菱会社于1859年开设的上海至长崎航线。（   ）

2.19世纪,船舶进入"铁和蒸汽"的时代,海上交通运输业也随之完成近代化。（   ）

3.轮船招商局努力打破日本轮船公司对中日航线的垄断,尝试开辟两国间的新航线,并最终达到了预想的航运效果。（   ）

4.瓦斯、俱乐部等词是日本人为了接受西方的新概念而创制出来的词,后来又从日语流入汉语。（   ）

5.清末民初大批中国留学生赴日学习,构成了近代中日文化交流的一个重要内容,对近代中国历史的发展产生了深远的影响。（   ）

三、思考题

结合以下内容,请试着总结一下轮船的出现对中日乃至世界经济文化交流的影响。

中国传统的帆船,遇顺风则1小时能前进50里,遇逆风甚至可能寸步难行。相比之下,西方的新式航运工具火轮船则具有在海上航行的优越性能,不但作为客运船舶能够搭载数百人,货运亦可搭载15000担到30000担的货物。而且具有航速快,抗逆风能力强的优势。汽船航速可达每小时60到90里,即便遇逆风亦能前进30到60里。汽船的出现极大地加快了人员、物资和信息的流通速度。19世纪末,随着海外航线的不断增加,国际间的贸易往来和文化交流变得日益频繁。新型水上交通工具的出现,促使中国航运开始了新的交通革命。

四、论述题

结合教材内容,自主查找并阅读相关资料,简述清末民初时期赴日留学热潮兴起的原因及历史意义。

第十一课

日本战时航运体制形成与中国航运业的抗争

核心知识点

1. 日本战时海运体制的形成过程；
2. 东亚海运株式会社等"国策会社"的成立及影响；
3. 战时中国航运业的抗争。

导读

1931 年，日本制造了震惊中外的"九一八"事变。1932 年，在日本的扶持下，建立了伪满洲国这一傀儡政权。1937 年，日本政府对中国发动全面侵略战争。为了垄断中国沿海和内河的轮船航运业，日本政府颁布了一系列战时航运政策，推动战时海运体制，成立"国策会社"——东亚海运株式会社，开始直接对东亚和中国沿海内河的轮船航运业进行统制。日本政府的举措改变了东亚航运业的势力格局，垄断了中国沿海和内河的轮船航运业，对整个东亚航运业造成了巨大的冲击。面对日本侵略者的进攻，轮船招商局联合其他民营航运公司共同抵御外侮。在挽救民族危亡的战争中，护船保产、沉船御敌、抢运军需战略物资、协助军民物资西迁，为抗日战争的胜利做出了重大的贡献。

一、日本战时海运体制的形成与内河航线的封锁

1931 年，日本制造了震惊中外的"九一八"事变。随后，日本开始不断加快侵略中国的步伐。在航运方面，自 1937 年起，日本政府相继颁布了一系列海运政策，先后设立了多个海运统制组织，战时海运体制被逐步建立起来。从这些政策和指令中可以清楚看出日本政府根据时局变化和战争需要对海运业加强掌控的轨迹。

1937 年 7 月，在日本政府指示下，日本邮船会社、大阪商船、国际汽船、三井物产船舶部、川崎汽船、山下汽船和大同海运等日本海运会社联合组成"海运自治联盟"。该联盟占有全日本轮船总数的 75％。其作用主要包括：协调不定期船进入定期航路，避免重复配船；开设新航路；确保重要物资顺利运输；抑制运价暴涨，同船主协会协调决定标准运价和用船率；对外国船

进行规制等。但这时的"海运自制联盟"基本上仍是一个以民间大型会社为首的行业自治色彩浓厚的团体组织。

为了进一步强化对航运业的控制,1937年9月,日本政府公布临时船舶管理法。根据该法日本政府拥有对航路、航行区域、物资运输、运费、租船费以及船员和造船的控制等大范围的决定权。1938年4月,日本颁布赋予政府统制运用人力以及物质资源范围广泛的"国家总动员法"。1939年9月,日本"海运统制委员会"成立。这标志着日本航运统制政策进入了"顺应国策的官民协力体制"。此时日本海运政策的特点已经从以民间大型会社控制海运业为主变为政府与民间共同控制且要服从国策的时期。归属海运统制委员会的海运会社有35家,统制的重点在于协调紧急重要物资的运输、配船和在困难情况下的应对以及战时如何保持运输通畅等。1940年2月,日本政府在"国家总动员法"的基础上进一步制定和颁布了"海运统制令"。该统制令从根本上表明要将"海运业完全纳入政府统制下的意图"。由于战局急速发展,官民协力的海运统制委员会已无法满足日本政府对海运业的要求。于是,1940年9月,内阁会议决定制定"海运统制国策要纲"。在此基础上,同年11月设立了政府直接控制的"海运中央统制运输组合",规定"海运业必须严格服从国家的统制体制"①。"海运中央统制运输组合"的成立,使得日本海运业界事实上已经失去自主性。

1941年1月,日本第七十六次议会会议上提出整合海运行政的"海运事业法""海上小运送法""东亚海运株式会社法"等三个法案以强化战时体制。1941年8月,内阁会议进而制定"战时海运管理要纲",决定船舶、船员及船舶建造等一切涉及海运的事项均要纳入国家管理之下。1942年3月,日本政府公布"战时海运管理令"。根据这个管理令,日本政府设立代替政府具体经营管理海运业的"特殊法人船舶运营会",对征用的船只实行一元化管理,进一步对海运业界实行"严格地服从国家的统制"命令。即海运业界在把政府征用的船只交给"特殊法人船舶运营会"后不能插手船舶的任何运营和管理事项。"特殊法人船舶运营会"成为为保证战争顺利进行和"国策"推进的海运业界的"国家管理的执行机构"完全执行"国家的意志"。短短几年内日本政府制定和颁布如此多的海运政策的目的就是保证其策划的"大东亚经济共荣圈"的顺利实行。②

除了出台一系列的政策和指令外,为了垄断中国的航运业,日本政府还利用战争和以安全为由对他国轮船持续进行封锁、限制和打压。1937年8月,日本发布交通封锁令,9月发布对外国船只的"临检留证"令。此后,日方以"战事"为由对航线进行封锁,限制和禁止其他国家轮船公司在中国航行。日方封闭长江航运的行为遭到各国反对。英、法、美各国多次与日方进行交涉,但日方仍然拒绝开放,并进一步将航运封锁从长江向沿海一带扩展。据宁波口海关册记载,1938年时"往来本埠船只,所受军事限制日见严厉,进出水道,时而一部封锁,时而完全禁止通行"。到1939年情况更加严重,"本年宁波地方,迥异寻常,往来航业与进出贸易,无不备遭阻挠",1940年则自"7月15日起,日本海军宣布封锁本埠……自是以至年终,海路交通悉告断绝"。③

---

①日本经营史研究所:《日本邮船株式会社百年史》,大洋印刷产业株式会社,1988年,第357~361页。
②朱荫贵:"抗战时期日本对中国轮船航运业的入侵与垄断",《历史研究》,2011年4月,第86~88页。
③1938、1939、1940年《海关中外贸易统计年刊》(宁波口),转引自杭州海关译编:《近代浙江通商口岸经济社会概况——浙海关、欧海关、杭州关贸易报告集成》,浙江人民出版社,2002年,第402~404页。

除了封锁航线以外,日本还采取扣留其他国家船只和限制运输货物等方法来限制他国航运势力的发展。对于外轮运入中国的货物,日方同样进行阻挠。1940 年 11 月 3 日的《申报》上刊登了一则题为"四外轮巨额船货,昨突遭没收"的报道:

日军当局今日(2 日)在法租界外滩鱼市场码头,扣留德、英、意、葡商内河轮四艘,并没收丝与棉货,价值二百万元有奇……轮上所载货物,当夜与今晨,遭日方检查,而卸入日方汽艇。

1941 年 1 月 15 日的《申报》上题为"日轮垄断下的长江航运"的报道中揭露了此后日方又成立水上宪兵队和便衣警军,对各国轮船实行监督和侦查骚扰的情况。

而日方近复连日派出便衣警军,分赴各码头,侦查由各地驶沪之外轮,至沪浙航运,目前已濒于绝境,行驶各处之轮只,闲泊沪滨者达十余艘之多。过去日舰封锁浙海口时,外轮行驶虽受阻碍,但小帆船有时尚可行驶。现日舰对此类船只竟加阻止,而以机枪扫射。

在日方的限制和阻挠下,其他国家往来外洋与往来中国国内各口岸轮船的吨位数字都明显趋减,日方轮船航运业的发展却不断增强。到 1941 年 10 月,日方轮船航运势力已经牢牢控制了中国沿海和内河航运业。[①] 1943 年,日本在中国往来外洋轮船的吨位数百分比中占92.04%,在进出外洋的货物运输数中占 94.81%;在往来中国国内各港口的轮船数字中占67%,在往来国内各港口的货物运输数字中占 58.07%。可以说,这一时期日本在中国的轮船航运业中已经达到了绝对的垄断地位。[②]

二、东亚海运株式会社等"国策会社"的成立

在制定和颁布了一系列的战时海运政策的同时,日本政府还实施了直接掌控海运业的两大措施:一是推动日本邮船会社的近海部分轮船分离合并进入近海邮船会社,使其一跃成为拥有 136 只轮船,82 万总吨,世界排名第一的大轮船公司。[③] 二是直接组织设立专门针对中国航路的大型国策海运公司——东亚海运株式会社。

中国的海运业长期处于各国争夺的状态之下,日本各个航运公司却仍然停留在按照各自会社的经营政策行驶航路和配船的状况中。因此,日本政府在发动"七七事变"后的第七十三次议会会议上,做出了强化海运统制,整合各个航运公司,奠定称霸东亚海运基础的决策。经过近两年的准备,1939 年 8 月 5 日,成立了东亚海运株式会社。[④] 受政府指示以部分或全部资产参加该会社的有日本邮船、近海邮船、大阪商船、三井物产船舶部、川崎汽船、日清汽船、原田汽船、大同海运、冈崎汽船、阿波共同汽船、山下汽船等 11 家公司。东亚海运株式会社的资本金为 7300 万日元,成立时拥有船舶总数 59 只,共 20 余万吨。

东亚海运株式会社的主要业务范围包括:①经营中日之间,中国沿海之间以及中国与外国之间的海运业;②经营码头、仓库等;③经营前项之附带事业及关系事业之投资。东亚海运株式会社成立时设定的航路主要包括:日本至天津、日本至青岛、日本至上海、日本至华南、台湾

---

①中国经济统计研究所:《经济统计月志》第 8 卷第 10 期,1941 年 10 月,第 225 页。
②朱荫贵:"抗战时期日本对中国轮船航运业的入侵与垄断",《历史研究》,2011 年 4 月,第 95～98 页。
③日本经营史研究所:《日本邮船株式会社百年史》,大洋印刷产业株式会社,1988 年,第 356 页。
④日本经营史研究所:《日本邮船株式会社百年史》,大洋印刷产业株式会社,1988 年,第 374～375 页。

至上海、台湾至天津、台湾至华南、大连至华北、天津至上海、天津至华南、大连至华南等十多条。总社设于东京,并在横滨、大阪、神户、门司、长崎、台北、大连、天津、青岛、上海等地设立分社16处。

作为"国策会社",该公司拥有的特殊地位、与政府间的关系以及需承担的责任义务等详细情况在"东亚海运株式会社法"上有明确详细的记载。该法是1941年3月13日由天皇裕仁亲自批准,以法律第六十八号的形式由内阁颁布。正文5章,附则1章,6部分共46条。以下引用的部分条文,可以看出会社的性质及运作方式。第1条中规定"东亚海运株式会社是以中国为中心振兴发展我国海运业为目的而设立的株式会社";第3条中规定"政府不仅可以向东亚海运株式会社入股,而且可以以资金以外的财产入股";第10条中规定"社长及副社长由政府任命,任期为5年";第11条中规定"社长、副社长及分掌业务的理事不得担任其他职务及从事商业业务"。以上数条,除点明会社的性质和业务宗旨外,还表明政府居于绝对掌控地位。

日本政府还采用各种手段对东亚海运株式会社进行监督和掌控,以保证业务经营和发展方向一直按照政府制定的目标推进。这可从以下条文看出。例如,第13条中规定"政府将监督东亚海运株式会社的业务";第15条中规定"东亚海运株式会社章程的修改、利润的分配、公司的合并及解散等决议均需得到政府的认可,在未得到政府批准前不具有效力";第18条中规定"政府得以不定期派主管官员对东亚海运株式会社的金库、账簿及各种文件进行检查。且政府在认为有必要时不论何时可以命东亚海运株式会社报告有关业务的各种计算及状况"。上述条文具体规定了政府控制会社的权利及对其业务方向、利润分配、内容等具体领域的把持和指导。

可以看出,这一时期日本的海运政策与举措的指导思想是建设高度国防国家,确保"大东亚共荣圈"的顺利建设。除不断扩大规模和航路、在东亚展开一系列活动外,东亚海运株式会社在太平洋战争爆发之前,已将势力伸展到东南亚一带,并做好"扩展南洋各埠,如马来半岛、爪哇、菲律宾及海峡殖民地等处海运事业"[①]的准备。可见日本政府制定颁布各项海运政策,成立统制组织,设立并掌控东亚海运株式会社等举措。目标就是控制中国,甚至东北亚和东南亚海域圈的交通运输。这些措施和行动是日本军国主义政府实现所谓"大东亚共荣圈""国策"的步骤。在此"国策"体系中,整个日本海、东海、南海和南洋诸海域,都被日本政府视为"内海",此范围内轮船航运业的一切事项,均需依照日本的国防和产业计划运行。

东亚海运株式会社主要经营日本和中国沿海一带的航运,因此日本除了东亚海运株式会社外,还设立了专门针对中国内河内港航行的轮船公司。例如,上海内河汽船株式会社、中华轮船株式会社、华中运输公司、华北交通株式会社、华北运输株式会社等公司都主要是以与沿海航路的东亚海运株式会社和日本其他轮船公司的航线接轨为主要目标的公司。

上海内河汽船株式会社成立于1938年7月,是经过日本"陆海外三省共同研究"后成立的公司。该会社成立的目的,一是对中国中部内河航运进行统制,二是通过该会社拓展航路或合并其他轮船公司从各种渠道把中国的煤矿等资源集中起来运往日本。据1942年上海内河轮船股份有限公司计划课调查系制作的《货物、船客输送成绩统计》(油印报表)显示该会社的航线分黄浦江线、湖州线、苏州河线、长江线、江北线、淮河线等六大系统,长短航线313条,总里

---

① 《十月十八日天津庸报》转自国民党特种经济调查处编:《经济汇报》第6号,1940年1月1日,第31页。

程 6000 公里以上。也就是说,长江下游地区的江苏、浙江、安徽等省的一切内河航线都处于上海内河轮船股份公司的控制之下。[①]

中华轮船株式会社于 1940 年 2 月成立于上海。该公司名义上是中国籍,实际上是东亚海运株式会社的卫星公司,换句话说就是一家"中国籍的国策会社"。该会社主要经营长江及中国沿岸的航运业,投资与其有关的码头、船舶、仓库等事业,处理占领地没收的中国航运资产等事务。1940 年 5 月中旬开始,在长江干线开港和不开港间以及不开港之间从事航运。该会社成立之时仅有公司船 4 艘、佣船 4 艘、受托运航船 5 艘、租用船 4 艘,合计 17 艘船。但到 1942年底,已有公司船 27 艘、佣船 40 艘、受托运航船 7 艘、租用船 10 艘,合计有 84 艘之多,可见其发展速度十分迅速。在航线方面,成立之初时有崇明、天生港及口岸四线,1941 年 3 月,增加舟山群岛、裕溪口二线,后又增加北沙线、芜湖大通线及上海宁波线。同年下半年,又开航安庆地区及镇江地区等长江中流地区线八条。1942 年又有所增加,航线计长 3500 公里。

除此之外还有 1939 年成立的华北交通株式会社、1941 年成立的华北运输株式会社、1942年成立的华中运输公司等。需要注意的是上述公司都并非是孤立存在的,而是分属于日本"国策会社"华北开发公司和华中振兴公司的,因此从本质上来说,这些公司都属于听命日本政府的"国策会社"。

以"七七事变"为契机,日本轮船航运势力大举入侵。到 1940 年,在往来外洋和中国国内各口岸的轮船航运吨位数中,日本超越英国,占据了绝对优势的地位。由于日本对长江和其他港口的封锁,日本海军对中国船舶的搜捕、击沉及将中国船舶转卖给第三国,加上战火对港航设备的直接间接破坏,中国民族航运业受到巨大打击,基本处于溃灭的状态。[②]

三、战时中国航运业的抗争

1.抗战时期轮船招商局的损失与贡献

经过数十年的摸索和奋斗,抗战前夕,轮船招商局的总吨位仅次于太古轮船公司,成为战前中国航运业的中坚力量。然而,抗日战争爆发,打破了招商局的近代化进程。日本政府为了掐断中国战时军事运输的动脉,把招商局的庞大船队和仓库码头设施作为重点打击目标,摧毁了招商局的绝大部分船舶和其他产业,使招商局遭受了极其惨重的损失。

据统计,在抗战时期,招商局遭受敌机轰炸损失船舶共 13 艘,计 20290 吨。另外,落入敌手的各类船只共 42 艘,计 34112 吨。招商局的经济实力受到了极大削弱,船舶总吨位急剧下降。据战后核算,招商局战时财产损失 2600 余万美元,营业损失 2.8 亿多美元,合计达 3 亿美元。[③]

尽管招商局在战时遭受了巨大的损失,但也为抗战胜利做出了重大的贡献。为阻止和延缓日军的进攻,为了民族利益和抗战需要,招商局在重大要塞沉船御敌。从 1937 年 8 月至

①上海内河轮船股份有限公司计划课调查系制作:《货物、船客输送成绩统计》(油印报表),1942 年 7 月 22 日,中国社会科学院经济研究所图书馆藏。
②朱荫贵:"抗战时期日本对中国轮船航运业的入侵与垄断",《历史研究》,2011 年 4 月,第 88~94 页。
③赵洪宝:"透视抗战时期招商局的作用",《史学月刊》,1994 年 5 月,第 63~64 页。

1939年初,招商局在要塞共沉船24艘,其中江海大轮及大型趸船18艘,计34520吨,占招商局江海船舶总吨位的40%。要塞沉船延缓了日军进攻速度,为军民物资的撤离赢得了时间。另外,招商局还承担了战时军事运输和客货运输的繁重任务,协助军民物资西迁。招商局还与民生、三北、大通等民营航运公司,在南京成立了"内河航业联合办事处",共同运送前线军用物品及上海各家厂商的机器物资。为了抢运战略物资,招商局又先后开辟了九江至南昌、汉口至长沙、汉口至常德、常德至津市、常德至桃源、汉口至衡阳、长沙至宜昌等航线。在招商局等华商航运公司的努力下,许多重要的工厂、学校、科研单位得以安全西迁,这让我国的工业基础能在西南地区得以保存,也让我国部分文化、教育、科研机构能免遭日军的破坏,减轻了战争带来的损失。在挽救民族危亡的战争中,招商局沉船御敌、抢运军队、输送物资,为争取抗战胜利和中华民族的生存权贡献出了自己应有的力量。①

抗日战争时期国内航运业损失惨重。为了满足战后需要,国民政府必须通过各种手段提高其航运能力,以将大量军事和民用物品运回光复区。1943年1月,中国和英、美两国分别开始重新订约,截至1948年前后,中国收回了已失去近一个世纪的航行权。战事结束以后,能沿江沿海使用的船舶极少。因此,国民政府向美国、加拿大等国订购了大量的轮船,并交付于招商局使用。这一举措使招商局的运输能力得到了迅猛发展。招商局的轮船总数由1945年年底的366艘持续增加至1948年6月的490艘,计409 200总吨。其中江轮、海轮108艘,计315184总吨,其船舶数目及总吨位分别相当于1937年时的5.8倍及4.7倍,其中江轮、海轮数目及总吨位分别相当于1937年时的3.8倍及5.8倍,招商局运力的倍增有利于其承担战后复员和交通运输发展的责任。②

2.民生实业公司的创立与发展

除了轮船招商局,国内其他民营航运公司也在进行着变革。1936年初,中国航政局登记在案的船舶有749艘,航运公司很多,其中较大的有民生实业公司、三北公司、鸿安商轮公司、宁兴轮船公司和政记轮船公司。而民生实业公司作为民营航运企业的代表,在其创始人卢作孚的带领下创造了中国航运界的奇迹。

20世纪初,长江上的航运几乎完全由太古、怡和、日清等外国轮船公司垄断。1926年,卢作孚在上海订造了一艘载重70.6吨的小铁船,并命名为"民生"号。1926年6月,卢作孚在重庆召开了民生实业公司的创立大会,公司的宗旨是"服务社会,便利人群,开发产业,富强国家",公司初始资本额为5万元。1926年7月23日,"民生"号顺利抵达合川。此后,"民生"号每日航行于合川到重庆的航线上,开始了川江航运史上从未有过的定期客运航行。1927年1月,民生实业公司开通涪陵航线,该公司的轮船第一次驶入长江。1930年前后,日清、太古、怡和联合行动进行压价竞争,使中国轮船企业相继濒临破产。卢作孚决定以民生实业公司为中心,将零散的中国轮船公司整合并入民生实业公司,共同抵抗外国轮船企业的恶性竞争。不久,民生实业公司成功整合了长江上游的几十家中国轮船公司,其实力足以与外国轮船公司相抗争。1930年至1935年间,民生实业公司强势进入川江航运业,短短几年就将外国轮船企业

---

① 赵洪宝:"透视抗战时期招商局的作用",《史学月刊》,1994年5月,第65～67页。
② 王学锋、陈扬:《中国航运史话》,上海交通大学出版社,2021年,第175～177页。

逼退川江,基本上统一了川江民营轮船运输。至 1937 年,民生实业公司共拥有轮船 48 艘,总吨位达到了 19875 吨,承担了长江上游 70% 以上的运输业务。航线延伸至上海,并在宜昌、汉口、南京、上海设立了分公司或办事处。民生实业公司在长江航线上的运输量接近太古、怡和,成为我国最有发展前景的民营航运企业。

抗日战争时期,卢作孚坚定地支持抗战事业,他和民生实业公司在抗战中发挥了至关重要的作用。在抗战初期,政府和企业需要把厂房和设备从沿海省份经长江疏散到武汉,再运往重庆。1938 年,卢作孚抵达宜昌,立即制定了宜昌至重庆的紧急运输计划。这些物资很快运抵四川,不久在西南地区建立了一系列新的工业区。其中最重要的是以重庆为中心的军工、钢铁等综合工业区,形成了抗日战争时期中国工业的命脉,强有力地帮助了中国在抗日战争中取得最终的胜利。此外,民生实业公司还承担了四川水域所有本国和外国经营轮船的控制权。在抗战期间,民生实业公司成为中国航运界的支柱,是战时交通和中国国力的代表。[①]

📖 课后练习题

一、填空题

1. 1931 年,日本制造了震惊中外的"_____",随后开始不断加快侵略中国的步伐。

2. 1939 年,日本政府设立专门针对中国航路的大型"国策"海运公司——_____。

3. 1926 年 6 月,_____在重庆召开了民生公司的创立大会。

4. 抗日战争期间,轮船招商局与多家民营航运公司在南京成立了"_____",共同运送前线军用物品及上海各家厂商的机器物资。

5. _____年前后,中国收回了已失去近一个世纪的航行权。

二、判断题

1. 日本除了东亚海运株式会社外,还设立了上海内河汽船株式会社等专门针对中国内河内港航行的轮船公司。 (　　)

2. 抗日战争中,轮船招商局沉船御敌、抢运军队、输送物资,为争取抗战胜利贡献出了自己应有的力量。 (　　)

3. 日本政府制定各项海运政策,设立并掌控东亚海运株式会社的目的是为了控制中国,甚至东北亚和东南亚海域圈的交通运输。 (　　)

4. 轮船招商局承担了战时军事运输和客货运输的繁重任务,协助军民物资南移。 (　　)

5. 民生实业公司的宗旨是"服务社会,便利人群,开发产业,富强国家"。 (　　)

三、思考题

结合以下内容,请试着总结一下民生实业公司等中国民营航运公司在抗日战争中的重要贡献。

抗日战争时期,卢作孚坚定地支持抗战事业,他和民生实业公司在抗战中发挥了至关重要

①王学锋、陈扬:《中国航运史话》,交通大学出版社,2021 年,第 174～182 页。

中日航海文化概论

的作用。在抗战初期,政府和企业需要把厂房和设备从沿海省份经长江疏散到武汉,再运往重庆。1938年,卢作孚抵达宜昌,立即制定了宜昌至重庆的紧急运输计划。这些物资很快运抵四川,不久在西南地区建立了一系列新的工业区。其中最重要的是以重庆为中心的军工、钢铁等综合工业区,形成了抗日战争时期中国工业的命脉,强有力地帮助了中国在抗日战争中取得最终的胜利。此外,民生实业公司还承担了四川水域所有本国和外国经营轮船的控制权。在抗战期间,民生实业公司成为中国航运界的支柱,是战时交通和中国国力的代表。

四、论述题

结合教材内容,自主查找并阅读相关资料,分析日本建立战时海运体制及成立东亚海运株式会社的原因及影响。

第十二课
战后中国航运业重生与新中国的海上外交

核心知识点

1. 战后中国航运业的恢复与发展；
2. 中日友好之船的兴起与历史影响。

导读

近代以来在列强入侵和国力贫弱的双重压力下,中国航运事业一度陷入风雨飘摇、长期停滞不前的困境。中华人民共和国成立后,新中国的航运事业重新出发,从基础设施建设到新式造船技术,再到国际海事参与,无一不呈现出海洋大国蓬勃新兴之象。

另一方面,随着中日两国邦交正常化,除传统的政治、经济、贸易、文化等方面的交流,自1973年开始的中日友好之船开启了两国大规模民间互动交流的新模式。友好之船的互航不仅增进了两国人民之间的友谊,还极大地促进了中国对外经济、文化、科技等方面的交流,推动了中国的社会主义现代化建设。

一、新中国航运业的重生

1840年鸦片战争爆发,西方列强用炮火打开了清政府的大门。中国被迫签订了一系列不平等条约,逐步沦为半殖民地半封建社会。此后的百余年间,列强控制了中国的各个通商口岸,掠夺了中国沿海和内河的航运权。由外国资本经营的二十几家轮船公司,几乎垄断了中国沿海运输和远洋运输业务。新中国成立之初,由于国民党政权对海港及海运设施的大肆破坏,各大口岸码头毁坏严重,航道淤塞,当时仅留下了23艘轮船,总吨位3.4万吨。[①]

新中国成立后,开始建立新的管理体制。1950年3月,政务院发布《关于1950年航务工作的决定》,规定了海洋和内河航务工作的方针、政策和中心任务,成立全国航务机构。第一个五年计划建设期间,我国对航运基础设施建设投资9.15亿元,湛江港第一期建设工程、裕溪口机械化煤炭码头、青岛港煤炭码头、广州船厂扩建等项目都是在这一时期高速度建成的。并且

---

①肜新春:"试论新中国海运事业的发展和变迁(1949—2010)",《中国经济史研究》,2012年6月,第129页。

主要航道由电气航标取代无光标、油灯标,初步实现日夜通航。1951年8月25日,政务院做出决定,修建天津塘沽新港,从此拉开了我国自己建设新港的序幕。同年11月,交通部决定组成川江测量委员会,进行航道测量工作。天津、青岛、上海、黄埔等重要港口和长江、松花江等河流的主要航段,都开始了恢复性建设和整治。1952年,全国水运事业已全面恢复,货运量达5.141万吨,沿海和长江主要港口吞吐量为2.311万吨,比1949年分别增长102.2%和154%。

新中国成立之初,水运建设方面的主要目标是优先发展内河运输,以长江为重点,扩大西南地区同中部和沿海地区的物资交流。当时,我国受到以美国为首的资本主义国家的全面封锁,但即便如此,我国的对外贸易也一刻没有停止。除了通过香港钱之光、杨廉安控制下的华润公司展开的对外贸易,1951年6月,中国与波兰两国政府合资创办中波轮船股份公司,总公司设在中国上海,分公司设在波兰的格丁尼亚。该公司拥有5艘4.56万载重吨位的远洋运输船队,成为1949年新中国成立之后,国内首家远洋运输公司,也是国内最早的中外合资企业。[①] 之后我国又先后与捷克斯洛伐克、阿尔巴尼亚、坦桑尼亚等国成立联合海运公司或轮船股份公司。

新中国成立初期,我国船舶种类单一、吨位小、技术落后,海轮吨位所占世界比重不足0.3%。[②] 1950年代,我国远洋运输主要是利用外国船舶进行的。1958年9月,中国第一艘自行建造远洋航运船舶"跃进"号开工建造。"跃进"号是新中国建造的第一艘万吨级远洋货船,可以说是我国造船业的一个里程碑。此船根据苏联设计图纸,由大连造船厂于1958年9月开工建造,载货量13400吨,满载时吃水深度为9.7米,航速为18.5海里/时,功率为13000马力,能够续航12000海里。"跃进"号从船台铺底,到船体建成下水,只用了短短58天,可见中国船舶工业水平的飞跃。1963年4月,"跃进"号载着1.3万吨玉米从青岛港启航前往日本名古屋西港,开始了它的首次远航。但在首航期间,"跃进"号行驶在苏岩礁附近公海海域时,不幸触礁沉没。1960年4月,我国第一艘自行设计、主要配套设备自己制造的万吨级远洋货轮"东风号"顺利下水,船台实际工作日仅用了45天。"东风"号长161.4米,设计吃水深8.46米,二柱间长147.2米,型宽20.2米,载重量11642吨,载货量1万吨,航速17.3海里/时,续航力达到120000海里,可以远航至欧洲、非洲和拉丁美洲。"东风"号的建造成功可以说是新中国造船工业的一次战略性突破,标志着中国造船工业跨上了一个新台阶。此后,大连、天津、广州等地纷纷开始建造万吨级货轮,"风"字号、"阳"字号等十几艘万吨级船舶陆续建成下水。[③]

从20世纪60年代起,我国开始有计划地建立自己独立的远洋运输业。1961年4月,交通部正式成立中国远洋运输总公司,专营远洋船舶运输。20世纪70年代,我国远洋船队迅速发展,为国际海运界所瞩目。按照英国劳氏船级社的统计(100总吨为基数),我国船队1970年为96.8万总吨,119万载重吨,居世界商船队的第28位。1980年达到955艘,687万总吨,为1970年的7倍多,跃居第十四位。我国的远洋船队总部设在北京,先后在大连、天津、青岛、上海、广州等对外开放港口城市设远洋运输分公司。在日本东京也设有办事处,在英国、美国、联邦德国、澳大利亚、荷兰、埃及、巴基斯坦、阿尔及利亚、罗马尼亚等国也派有代表。远洋船队能够到达的地方,已由1961年的5个国家、13个港口,发展到100多个国家和地区、几百个港

---

①王学锋、陈扬:《中国航运史话》,上海交通大学出版社,2021年,第187页。
②肜新春:"试论新中国海运事业的发展和变迁(1949—2010)",《中国经济史研究》,2012年6月,第130页。
③王学锋、陈扬:《中国航运史话》,上海交通大学出版社,2021年,第189~190页;陈宇里、谢茜:《中国航海史话》,上海交通大学出版社,2021年,第49~50页。

口。交通部直属沿海海运企业,1952 年完成货运量为 430 万吨,1978 年完成 4980 万吨,是 1952 年的 11.6 倍。完成的货物周转量方面,1952 年为 20.61 亿吨海里,1978 年为 386.66 亿吨 海里,1978 年为 1952 年的 18.8 倍。

从 20 世纪 50 年代开始,我国就采取多种形式,广泛开展国际合作,发展远洋运输。从 1951 年 6 月,我国与波兰合办中波轮船股份公司起,又陆续与捷克斯洛伐克、阿尔巴尼亚、坦 桑尼亚等国成立联合海运公司或轮船股份公司。20 世纪 70 年代以来,中国远洋运输公司还 先后与外国私营公司合营船运企业,如鹿特丹的跨洋轮船代理公司、远通海运服务公司,安特 卫普的考斯菲尔航运代理公司,悉尼的五星航运代理独占股份有限公司,横滨、神户的中铃海 运服务公司,汉堡的汉远船舶服务中心等。至改革开放前夕,与我国订有"通商航海条约"的国 家 5 个,交换"航运互惠换文"的国家 5 个,签订"海运协定"的国家 32 个。我国自开展远洋运 输以来,先后参加了《政府间海事协商组织公约》等 10 余个国际公约的修订工作。[1]

二、中日友好交流的新方式——中日友好之船

新中国成立以后,在两国政府和人民的共同推动下,两国间的贸易往来和文化交流逐步得 到了恢复和发展。1972 年 9 月,两国政府发表了《中日联合声明》。经过双方政府和致力于中 日友好的各界人士的不懈努力,中日两国终于实现了邦交正常化,从此中日关系掀开了新的一 页。除传统的政治、经济、贸易、文化等方面的交流,还出现了诸多友好交流的新方式。其中 1973 年开始的中日友好之船开启了两国大规模国民互动交流的新模式。

两国恢复邦交以后,日方提出派遣以船为载体的"青年洋上大学"到中国访问,得到了周恩 来总理的支持。1973 年 9 月 10 日,日本兵库县"青年海洋大学"从神户港出发,载 483 名团员 于 13 日到达天津港,成为日本访华的第一艘友好之船。隔天,三重县"青年海洋大学"也顺利 到达上海进行访问。两艘友好之船的到来,揭开了中日两国海上客运通航的新篇章,这种以船 为载体的交往形式也被固定下来,成为日后两国人民友好交流的一种新方式。随后日本各地 又陆续组织了"福冈市青少年之船""神户·天津友好之船""大阪日中友好之船""友好九州青 年之船"和"歌山县日中友好青年之船"等友好之船来华。

1978 年 8 月,《中日和平友好条约》的签订开辟了中日两国长期友好合作的新时期,友好 之船的交流互动变得更加频繁。在原有开展友好之船交流活动的地区之外,又新增了许多第 一次来中国访问的访华团,如下关市组织的"下关市日中友好之船"、东京都教委组织的"日本 东京都青少年洋上研修之船"、日本青森县组织的"青森县青年之船"等。除地区组织的友好之 船外,一些经济界、文化界人士也积极组织友好之船来访,日本松下、大荣等公司纷纷乘友好之 船来华,日本茶道流派里千家的第十五代家元千宗室也于 1980 年至 1987 年先后三次亲率"日 中友好文化交流里千家之船"访问我国。这些友好之船不仅为我国带来了丰厚的外汇收入与 经贸投资,还带来了先进的技术和各方面建设的人才。不少日本高校亦将中国列入海外修学 旅行的目的地之一,1980 年日本福冈县柳川高中学生来中国进行修学旅行,日本秋田县经济 法科大学附属高校自 1981 年开始,每年 4 月都会派船来天津旅行。2007 年是小野妹子等遣

---

[1]彤新春:"试论新中国海运事业的发展和变迁(1949—2010)",《中国经济史研究》,2012 年 6 月,第 130 页。

隋使出航1400周年,也是中日邦交正常化35周年。为了纪念这个具有重要意义的日子,以日本东亚史学者阿南史代为团长的"追寻遣唐使的足迹"旅行团对中国进行了参观访问。访问团于4月24日从日本乘"新鉴真"号豪华轮船出发,26日抵达中国上海,之后从上海出发访问了东渡日本弘法的唐代高僧鉴真的家乡江苏省扬州市,以及遣唐使圆仁法师曾经到过的江苏省如皋市。圆仁法师曾随日本遣唐使团入唐求法,历经9年,行程万余公里,写下四卷七万多汉字的《入唐求法巡礼行记》,翔实记录了唐代社会状况。自1983年以来,该访问团就多次沿着《入唐求法巡礼行记》提供的线索寻访古迹。如今,他们追寻遣隋、遣唐使们的足迹来到中国进行友好交流印证了曾两度出使我国明朝的日本使节策彦周良所吟诵的诗句:"莫道江南隔海东,相亲千里亦同风,从今若许忘形友,语纵不通心可通。"

随着中国改革开放的不断深入,中日两国在政治、经济、文化、教育等领域的交往日益扩大,70年代末中国也开始派遣友好之船访问日本。1979年5月,中日友好协会会长廖承志率领600余人代表团乘中日友好之船"明华"号访问了日本。满载着中国政府和人民深情厚谊的"明华"号于5月7日驶出上海,经过两天两夜的航行于5月9日上午抵达日本山口县的下关港,开始了这次具有特殊意义的中日友好之旅。在将近一个月的时间里,访日团以船为载体,以港口为轴心,先后停靠了下关、大阪、名古屋、东京、室兰、新潟、富山、鸟取、福冈和长崎等10个港口,访问了日本33个都、道、府、县,航程达6356公里,参观了日本各行各业近千个项目,撒下了中日友好的种子。中日友好之船"明华"号史无前例地绕日本列岛一周,每到一地都受到隆重热烈的欢迎,在日本各地掀起了一股中日友好热。正如当时访问团团长廖承志在日本题词时所说的那样:"乘船绕一周,友好达千秋。"

三、中日友好之船的历史影响

新中国成立后的很长一段时间,中日两国都处于一种相互隔绝的状态。尽管1972年中日邦交恢复正常化,但对于两国国民来说,彼此之间能够交流沟通的机会仍然很少。在这种情况下,友好之船成为中日民间交流的窗口,使中日民间大规模的交往成为可能,这对中日之间的友好关系有着深远的影响。

首先,友好之船的互航增进了两国人民的友谊,促进了中日关系的良好发展。日本人民乘坐友好之船来到中国,亲身体验到中国人民的热情与友好,感受到中华文化的包容与魅力,了解了中国的基本国情和国家政策。对于中国人民来说,通过与来华的日本朋友交流,可以消除对日本和日本人的固化印象,增进相互之间的内在理解,让两国人民友好的理念更加深入人心。

其次,友好之船的互航还促进了两国之间的经济合作。中日友好之船中有很多都是企业界人士组织的,如"日本企业界日中友好之船""日本松下青年之船""橙色洋上大学之船"等。许多商界人士通过友好之船来华进行考察,以便寻求贸易合作的机会。例如大荣公司会长兼社长的中内功在20世纪80年代多次率团来华,并受聘为天津对外贸易与旅游顾问,为天津的对外发展提出了很多建设性意见。20世纪90年代,在中内功和中国政府的促成下,大荣与天津外贸总公司合资组建了天津大荣国际贸易有限公司,将商业合资开设了中国大陆第一店——大荣天津商场店,将新的商超经营理念输入到中国,一度成为天津连锁企业的龙头。而在友好之船交流活动中促成的中日合资企业——天津津神客货轮船有限公司及其"燕京"号客轮更是中日旅游交往中经济合作的典范,并进一步推动了中日之间的友好之船交往。

再次,通过友好之船的派遣还促进了两国间科学技术的交流。乘坐友好之船来华的不少日本青年都产生了想要帮助中国进行现代化建设的愿望,提出今后要加强技术交流,准备回国后寄来蔬菜的优良种子、农药化学除草剂、日本最尖端的通信设备资料、高层建筑防火措施、红外线探测器等资料,甚至不少人之后又回到中国帮助中国进行四化建设,为中国改革开放后国家的各行业建设补充了大量技术、人才。在友好之船及相关交流活动的带动下,到1988年,仅天津市就引进了外籍人才近500名。这些人才为天津的城市建设做出了重大贡献。例如中内功受聘为天津外贸旅游顾问后,对天津10多个行业提出了许多中肯的意见。日本磨具专家湫原利男受聘为天津广播器材公司磨具公司分厂厂长,对该厂生产的塑料磨具进行技术指导的同时,在企业管理中还引进了日本的管理模式,严格考勤、奖惩分明,提高了工人的生产积极性,经济效益十分显著。除此之外,友好之船还为中日之间的文化科技工作者提供了一个对口交流的机会。友好之船中有不少科学技术、文化教育界人士,除了观光旅游外,他们对文化科学技术交流很感兴趣,常常主动提出要和中国的高等院校、医疗、体育、环保等单位人员进行座谈、切磋等要求,而中方在积极为他们联络对口单位之外,还会在事后邀请团员中的专家学者来华进行学术交流,某些部门还会收到日方赠送的专业资料和设备。

最后,友好之船的频繁访华还增加了我国的外汇收入,推动了我国旅游业的发展。友好之船的收益主要源于活动过程中的旅游服务和购物活动。以1979年"神户·天津友好之船"的外汇收入为例,仅在天津一地,游客购物花费就达18万元以上,再加上7万元饮食、住宿、交通等综合服务费用,该团在天津一共消费25万元人民币。1980年,曾有人为友好之船做过一次大概统计:如果船上的400人在津逗留三天,需交4万美元综合服务费,在津购物花费6.4万美元,共计开销14.5万美元。这笔外汇,相当于天津港出口104吨对虾,530吨苹果或5 000辆自行车的收入。这仅是开放初期的创汇数据,旅游的收汇功能还在进一步增强。到20世纪80年代末,仅新港友谊商店一地,接待三百余人的友好之船,一小时营业额便可达5万余元。[①]

新中国的海上外交政策不仅对当时的两国关系,而且对如今的中日关系亦起到了积极的推进作用。从1973年扬帆起航的第一艘中日友好之船开始,以港口为起点,以船只为载体,以海洋为桥梁的"中日友好之船"就从未停帆。友好之船活动的开展,不仅增进了两国人民之间的友谊,还极大地促进了中国对外经济、文化、科技等方面的交流,推动了中国的社会主义现代化建设。

📕 课后练习题

一、填空题

1."_____"是新中国建造的第一艘万吨级远洋货船。

2.1961年4月,交通部正式成立_____,专营远洋船舶运输。

3.1972年9月,中日两国政府发表了《_____》,从此中日关系掀开了新的一页。

---

①陈茜:"1973—1992年中日友好之船研究——以到访天津的友好之船活动为例",天津大学硕士学位论文,2019年。

4.1979 年 5 月，中日友好协会会长＿＿＿＿＿＿＿＿率代表团乘中日友好之船"明华号"访问了日本。

5.1978 年 8 月，《＿＿＿＿＿＿＿＿》的签订开辟了中日两国长期友好合作的新时期。

二、判断题

1.中波轮船股份公司是新中国成立之后的国内首家远洋运输公司，也是国内最早的中外合资企业。　　　　　　　　　　　　　　　　　　　　　　　　　　　　　　（　　）

2.1973 年 9 月，日本三重县"青年海洋大学"从神户港出发，成为日本访华的第一艘友好之船。　　　　　　　　　　　　　　　　　　　　　　　　　　　　　　　　　（　　）

3.中日友好之船的互航不仅增进了两国人民的友谊，促进了两国在经济、科技方面的合作，还增加了我国的外汇收入，推动了我国旅游业的发展。　　　　　　　　　　（　　）

4.新中国成立之初，水运建设方面的主要目标是优先发展内河运输，以长江为重点，扩大西南地区同中部和沿海地区的物资交流。　　　　　　　　　　　　　　　　　（　　）

5.1951 年 8 月，政务院做出决定，修建泉州新港，从此拉开了我国自己建设新港的序幕。
　　　　　　　　　　　　　　　　　　　　　　　　　　　　　　　　　　　（　　）

三、思考题

结合以下内容，通过具体事例，谈谈中日友好之船的兴起原因与历史影响。

新中国的海上外交政策不仅对当时的两国关系，而且对如今的中日关系亦起到了积极的推进作用。从 1973 年扬帆起航的第一艘中日友好之船开始，以港口为起点，以船只为载体，以海洋为桥梁的"中日友好之船"就从未停帆。友好之船活动的开展，不仅增进了两国人民之间的友谊，还极大地促进了中国对外经济、文化、科技等方面的交流，推动了中国的社会主义现代化建设。

四、论述题

结合教材内容，自主查找并阅读相关资料，简述战后中国航运业的恢复与发展情况。

第十三课

中日现代海上技术与绿色航运的发展

核心知识点

1. 中日现代海上技术的发展概况；
2. 港航绿色发展的重要性；
3. 中日两国对港航产业绿色发展的举措。

导读

21世纪是人类全面开发海洋的新时代。为了认识海洋、开发利用海洋和保护海洋，许多国家积极推动海洋科技的发展，以期提高在海洋技术领域的国际竞争能力。《中共中央、国务院关于加强技术创新、发展高科技、实现产业化的决定》强调发展海洋高技术，这对我国海洋科技的发展提供了最有力的政策保障。

与此同时，随着我国现代海上技术的发展与港航产业的兴盛，国家对港航产业的绿色可持续发展也愈来愈重视。2015年11月30日，我国在联合国气候变化巴黎大会中提出发展低碳交通，形成人与自然和谐发展的现代化建设新格局。我国已于2020年提出碳达峰、碳中和的目标愿景，《中华人民共和国国民经济和社会发展第十四个五年规划和2035年远景目标纲要》指出要加快发展方式绿色转型，全面提高资源利用效率，构建资源循环利用体系，大力发展绿色经济，构建绿色发展政策体系。

一、中国现代海上技术的发展

海洋科技创新是海洋经济发展的战略引领和支撑。"十四五"规划中明确要求：围绕海洋工程、海洋资源、海洋环境等领域突破一批关键核心技术。其间需要以提升海洋科技自立自强能力为核心，加大政策供给力度，以整合优化海洋科技资源配置，加强海洋重点领域原创性、引领性科技攻关，完善海洋科技创新体制机制，在强化国家海洋战略科技力量的同时，进一步提升涉海企业技术创新能力，激发海洋科技人才创新活力，努力突破制约海洋经济发展的科技瓶颈。①

我国高度重视海洋科技创新发展。目前,我国海洋科研成果不断增加,海洋科研体系不断完善,海洋科技人才数量不断增加,海洋科技创新能力显著提高,在关键技术和核心领域都有重大突破。具体体现在以下几个方面。

自主创新能力不断提升。目前我国海洋领域共有 1 个国家实验室(青岛海洋科学与技术试点国家实验室)、20 多个国家重点实验室、70 余个部属重点实验室,拥有海洋科研机构近200 个;从事科技活动的人员年增长率近 5%;每年完成海洋科研课题近 2 万项;每年海洋科研机构发表科技论文超过 1.7 万篇;出版海洋科技著作 350 多种;拥有发明专利总数超过 2 万件。海洋科研体系不断完善,自主创新能力不断提升。

自主研发一批新型海洋仪器设备。在海洋科研体系的支撑下,中国自主研发了一系列海洋探测和海洋资源开发仪器设备,促进了海洋强国战略的实施。在深水钻井方面,2017 年中国第二艘深水钻井平台"海洋石油 982"、半潜式钻井平台"蓝鲸 1 号"、首个海上移动式试采平台"海洋石油 162"相继试验成功;在海洋科考装备方面,"奋斗者"号载人深潜器不断突破深潜纪录,自主研发的水下滑翔机创下了我国水下滑翔机的最大下潜深度记录;在海洋工程方面,2018 年港珠澳大桥海底隧道建成通车,水陆两栖飞机鲲龙 AG600 也已成功首飞。另外,在海洋药物研究领域、信息自动化领域、海洋能利用方面都取得了重大成就,标志着我国海洋综合实力的提升,为建设海洋强国提供重要支撑。②

建设海洋强国是中国特色社会主义事业的重要组成部分。为了加快我国海洋经济发展、维护国家的海洋权益、保障我们的海疆安全、保护海洋生态环境,加快实施国家海洋战略,大力推进海洋科学和技术的创新是国家的重大需求。高水平的海洋科技自立自强是关键,包括认知海洋的基础研究、科学探索和开发海洋、保护海洋的关键技术创新。世界正在经历百年未有之大变局,海洋是竞争最激烈的领域。从近海到远海,从深海到极地,都充满了挑战。形势逼人,时不我待,既有压力,也是机遇。我们应当抓住机遇,勇毅前行,加快加强海洋科学技术创新,为实现"坚持以海富国,以海强国,人海和谐,合作共赢的发展道路"的大目标提供物质基础和关键技术支撑。③

二、日本现代海上技术的发展

日本是世界海洋大国,其海洋科学技术也处于世界领先位置。如海洋探测技术,特别是海洋遥感技术发达。早在 1978 年与 1990 年,日本先后发射了两颗海洋观测卫星。该卫星上装有先进的可见光与热红外辐射计、微波扫描辐射计、合成孔径雷达和高度计等。1989 年日本发射地球静止轨道卫星。这颗同步卫星不仅为日本,也为亚太地区国家免费提供气象观测资料。1992 年日本发射了地球资源卫星。1995 年 3 月又发射了"GMS-5"卫星,该卫星除担负气象探测任务外,还转发遇难船只和飞机发出的求救信号。1996 年 8 月,日本发射了一颗地球

---

①金永明、赵昕、韩立民:"'中国建设海洋强国的意义与任务'笔谈",《中国海洋大学学报》(社会科学版),2022 年第 3 期,第 1～8 页。
②杜俊华:"十八大以来海洋强国建设的重要举措与显著成效",《国家治理》,2022 年 6 月,第 46～51 页。
③薛群基:"创新海洋新材料,为国家海洋战略提供物质保障",《科技导报》,2022 年第 40 期,第 1 页。

观测卫星（ADEOS），该卫星上安装了较先进的日本海洋水色温度扫描仪，特别要提的是水色遥感器的波段数比美国卫星遥感器的多，从而使该卫星具有美国卫星所不具备的海洋表面水温探测的能力。因此，海洋学家也把这颗地球观测卫星称为海洋水色卫星。这颗水色卫星的发射，满足了二氧化碳循环、海气相互作用、海洋初级生产力、沿岸上升流、海流、水团等海洋动力过程研究的需要，也满足了当前海洋渔业生产、海上运输、海上油气开发等海洋产业的需要。该卫星的发射标志着海洋水色遥感进入了实际应用的新时期，也标志着在水色卫星技术方面，日本已处于世界领先水平。[①]

日本近年来不断强化海洋环境保护，微塑料研究是其中一项重点。在科研领域，日本开展了一系列的区域和全球海洋微塑料研究，如 2019 年，东京大学未来协创基金（Future Society Initiative，FSI）和日本财团联合创建了为期三年的海洋塑料垃圾研究项目。该项目与多个国家的大学和研究机构合作开展调查和研究，以摸清日本周边海域微塑料分布情况，评估其生态影响，并开展减少塑料垃圾方法研究。2020 年，日本邮船会社（NYK Line）与千叶工业大学开展合作项目，对邮船会社下运营的大约 750 艘船只装配能够在航行时收集微塑料的设备，数据由千叶理工学院进行分析。该项目通过将样品数据与采样时间、地点、气象等海洋数据相结合，最终生成全球塑料垃圾图。目前日本邮船会社已经采集了超过 100 个样本，将进一步开展深入研究。

"3·11"大地震后，日本政府加大力度推进新能源研究领域的发展。日本对海上风电的重视程度较高。2013 年日本海洋经济研究所牵头创建了综合海上风电场项目。该项目以海上风电设备为能源基础，综合设立海水养殖、人工鱼礁、海洋信息服务及娱乐设施等，形成集生产到消费为一体的综合渔业海上风电场。该项目在技术、材料、服务等系统创新基础上，跨领域开展合作，其成果囊括渔业资源养护、促进水产养殖、减少和吸收温室气体、监测海洋环境、促进海洋休闲产业和相关教育等各涉海行业，是海洋集成创新的重要案例。[②]

三、绿色航运与港航产业绿色发展

绿色航运是一种兼具可持续发展和环境保护内涵的航运模式，是国际航运业未来发展的战略方向。航运活动与生态环境紧密相关，绿色航运实则就是强调开展航运活动要确保良好的环境绩效（environmental performance），减少环境污染。减少碳排放是进行绿色航运管理的重要任务之一，航运去碳化（shipping decarbonization）是发展绿色航运的核心要义。

绿色航运要求不仅是减慢航运速度，还需要有先进的供应链系统配合。例如，集装箱船较原来晚 10 个小时到达码头，如果能及时配合卸货或者转运航班的话，不仅没有影响经济效益，反而能节省集装箱船的码头停泊费用，这个安排同时实现低碳和降低成本两个目标。对于绿色航运的研究工作，一方面着重于研究航运与环境问题，而忽视了航运与资源本身的消耗，同时也忽略了航运与社会发展等问题的研究；另一方面，目前研究工作大多将资源与环境作为外生变量来加以分析，以寻求一些缓解航运与环境两者之间矛盾的办法，并未将资源、环境、航运

---

①郑金林："快速发展的日本海洋遥感技术"，《海洋信息》，1998 年第 4 期，第 33 页。
②于莹、刘大海："日本海洋科技发展战略布局分析与启示——基于《联合国"海洋十年"日本倡议》"，《世界科技研究与发展》，2023 年第 1 期，第 14～25 页。

与经济发展等作为一个整体来进行考虑。绿色航运从可持续发展的角度出发,认为现代航运是一个循环物流系统,它是由正向物流和逆向物流共同组成的系统,研究现代航运必须在综合考虑航运、经济、资源、环境等因素的前提下,分析现代航运系统的运行机理、发展战略和模式。①

2021 年 10 月,在第二十六届《联合国气候变化框架公约》缔约方会议(COP26)上,22 个国家签署了《关于绿色航运走廊的克莱德班克宣言》,承诺到 2025 年将建立 6 条海上绿色航运走廊。所谓"绿色航运走廊",是指在两个及两个以上港口间建立零排放航线,其建立将为航运脱碳创造十分有利的条件。我国虽然不是《关于绿色航运走廊的克莱德班克宣言》的签署国,但作为全力改善国际治理体系的全球航运大国和国际海事组织(IMO)理事会 A 类理事国,考虑到签署国的相应行动可能对 IMO 船舶温室气体减排最终战略的确定以及国际航运零排放发展路径选择产生影响,仍需要对绿色航运走廊的建设高度重视,并采取积极的应对行动。绿色航运走廊的构想并不是突然出现的,它是某些成功经验的积累,航运企业也在脱碳之路上进行不断探索,试用多种低碳燃料,于是才有了如今的创新船舶设计思路和替代燃料的使用。

2024 年 4 月,"绿色航运与全球能源转型:挑战与机遇暨《2023 全球绿色航运发展报告》发布会及专题研讨会"在上海举行。会上,上海国际航运研究中心发布了《2023 全球绿色港航发展报告》。该报告从全球绿色航运政策、绿色航运发展机制、船用清洁能源、船舶节能减排技术以及全球主要航运企业和港口企业绿色转型实践等方面,对 2023 年促进航运业温室气体减排的各种措施和行动进行了全面梳理。报告显示,2023 年新造船中清洁能源船舶占比提高,全球使用清洁能源的船舶约 1800 艘,占全球船舶总吨位的 6.3%;2023 年新增的清洁能源船舶订单共有 563 艘,占 2023 年新造船订单总吨位的 45%,高于 2021 年的 32%。可见,随着全球环保意识逐渐提升,相关政策法规日益完善,积极应对气候变化,加速推进能源转型,持续降低环境足迹,已经成为交通运输领域的大势所趋。②

四、中日推动港航产业绿色发展的措施

进入 20 世纪 90 年代,走可持续发展道路成为我国经济社会发展的重要选择,"低碳航运"是我国航运绿色可持续发展的必由之路。碳达峰、碳中和的目标对于我们来说不仅是挑战,更是机遇。目前,我国主要从加强船舶管理、加强技术创新和注重海洋保护等方面来实现航运碳减排。

首先,在加强船舶管理方面,航运部门要加强船舶维护保养,确保机电设备工况。保持船舶主要运转设备良好的工况,消除系统跑、冒、滴、漏等缺陷。提高船舶营运效率,根据气象和海况制定最佳航线,杜绝不合理的随意性的绕航行为,合理配载,增加装载量,提高船舶货物实载率。进行靠岸船舶供电系统的改造,以青岛港招商局码头为例,系统进行改造之后,在碳排放量和经济层面都取得巨大成功。据推算如果将其码头 7 个泊位全部进行岸电改造并满负荷运行,船舶在港区期间每年将减少 913 吨二氧化碳的排放。

其次,加强技术创新、改革船舶能源系统结构是降低碳排放最有效的措施。除二氧化碳

---

①冯春宾、徐志刚:"我国绿色航运现状分析",《港口与航运》,2011 年 6 月,第 52～56 页。
②孙木子:"航运绿色转型任重道远",《中国水运报》,2024 年 4 月 26 日。

外,温室气体还包括甲烷(CH_4)、氧化亚氮(N_2O)、氢氟碳化物(HFCS)、全氟化碳(PFCS)、六氟化硫(SF_6)和三氟化氮(NF_3)等。若采用风力、太阳能、氢能、电力、液化天然气(Liquefied Natural Gas,LNG)以及氨燃料等零碳燃料可以大大减少上述温室气体的排放。为此,我国需要在零碳燃料创新领域投入更多的精力,才能在碳达峰、碳中和大背景下在航运业发展中占据主导地位。此外,还可以从制冷角度出发,推动船用制冷剂改革,减少氟化物的利用以减少氟化物温室气体的排放。发展船舶压缩机技术,提高能效,减少电耗。在船舶能源系统上,我们需要研究开发更多零碳燃料来提高减排效率。一旦实现零碳燃料的普及,"零碳"航运业也会接踵而至。

提高船用涂料和船用保温材料技术,减少船舶系统能源浪费。据估计,全球船用涂料的年需求量为 5 亿升左右,约 30 亿美元,且涂料用量在造船中的费用仅次于钢板。采用高性能丙烯酸聚氨酯船壳漆代替常用的氯化橡胶类涂料,能起到降低能耗和清洁的作用。此外,在船舱、机舱等地方采用玻璃棉、聚苯乙烯泡沫以及聚氨酯泡沫等保温材料,同样能降低船体能耗,起到保温、减震、隔音和防湿等作用。

航运离不开海洋,注重海洋保护是重中之重。海洋生态系统是地球上最大的活跃碳库,储存了地球上近 90%的二氧化碳,且每年能吸收处理人类排放二氧化碳的 30%左右,因此要注重对海洋生态系统的保护。例如保护具有强大固碳能力的滨海湿地;发展"碳汇渔业",拓展蓝碳富集区,建立稳定长效的生态系统碳汇区;采用海洋地质碳封存技术,把采集的二氧化碳通过管线和井筒注入海洋底层,实现二氧化碳长期隔离,从而实现碳减排。[①]

日本的海运业近百年来以使用属于重油的石油系燃料为主,由于在此过程中会排放大量的温室气体。因此,近年来日本的港航产业也以去碳化为目标,开始致力于开发和使用以不排放温室气体的氢、氨、液化天然气等为燃料的船舶。日本政府在 2019 年提出了东京都内的二氧化碳排放量到 2050 年实质上减为零这一应对气候变暖的自主目标。为实现这一目标,日本需要面向全社会采取全面的二氧化碳减排措施。具体而言,例如对于生产商,需要对产品生产过程的上流直至零售店的整个供应链实施严格的二氧化碳减排管理,而这也对减排技术及管理体系提出了更高的要求。

近年来,日本主要的造船企业在绿色船舶技术领域也开展了大量研究工作。三井造船株式会社与三洋电气公司、三菱重工联合研发了采用太阳能发电技术和锂离子电池的混合电源系统,并成功建造了一艘混合动力汽车运输船。在该船型的基础上,三井造船株式会社又提出了新概念汽车船,综合运用了包括太阳能板、可充电电池、船体线型优化、推进系统优化、超低摩擦阻力涂料和最佳航程支持系统等几大船舶动力及减阻技术,实现了二氧化碳减排 50%的目标。2009 年,日本邮船公司(NYK)公布了环保概念集装箱船"超级环保船 2030"的初探性设计,该船将综合运用船舶动力及减阻领域的新技术,预计可减少 70%左右的二氧化碳排放。此外,日本邮船公司与三菱重工共同研发了"空气润滑系统",该系统利用鼓风机从船底吹出空气形成气泡,借助气泡的作用力减少船底与水之间的摩擦力,从而节省能源,减少了温室气体排放。大岛造船株式会社从 2008 年就开始着手进行节能环保新船型的研发工作,目前已经完成了可降低 30%左右温室气体排放的新型巴拿马型散货船研发。[②]

---

① 黄连城、张贤勇、阚安康、楼海军:"中国航运业碳减排变化趋势与碳中和措施",《青岛远洋船员职业学院学报》,2021 年第 3 期,第 48～52 页。
② 刘继海、肖金超、魏三喜、冯东英:"绿色船舶的现状和发展趋势分析",《船舶工程》,2016 年增刊 2,第 33～37 页。

然而,另一方面,2023年8月,日本政府不顾国际社会的强烈反对,一意孤行地将福岛核电站的核污染水通过海底管道排入大海,此行为与其在港航产业绿色发展上采取的措施背道而驰。对于福岛核污水的处理,排海并不是唯一的解决方案。此前,日本政府曾提出"排污入海""氢气释放""地层注入""地下掩埋""蒸汽释放"等诸多方案,但其最终却只考虑自身国家利益,执拗选择了势必会对海洋生态带来危害的"排污入海"方案。日本政府的这一做法不仅危害海洋生态环境,也会对与海洋生态系统紧密关联的陆地生态系统造成无可挽回的破坏。日本的这一行为,成为东亚地区乃至世界海洋环保、绿色航运事业发展的反面案例,人类在经济利益和环境保护方面的抉择,对"海洋命运共同体"理念的深入理解和贯彻,相关法制的健全等方面,还需做出不懈努力。

五、绿色航运的发展趋势及目标

21世纪以来,随着国际社会对环境污染治理和环境保护问题的持续关注,以及对低碳环保要求的不断提高,航运所造成的环境污染问题得到了国际社会的广泛关注和高度重视。在未来的十年甚至更长的时间里,"绿色"将成为航运市场的重点发展方向之一,IMO出台的环境法规也将主要针对 SO_x、NO_x、颗粒物及压载水管理等几大方面,节能减排将成为绿色航运领域的主旋律。

1.推进绿色船舶发展

绿色航运的发展对航运业碳排放和船舶能源效率提出越来越高的要求,为此,航运业需要制定相应减排标准,并在船舶优化设计、燃油选择、营运管理等方面做出严格规定。随着船舶使用年限的增加,船舶机器设备逐渐老化,会出现锅炉等设备换热效率降低、主副机不完全燃烧等问题,导致船舶航行阻力加大,船舶燃油效率降低,从而造成二氧化碳排放量增加。

目前,我国营运船舶普遍存在燃油系统效率不高、航速较快、船龄偏大、船舶设计不合理等问题,导致我国航运业能源利用效率低下和二氧化碳排放量较大,不符合绿色航运发展要求。随着船舶能效设计指数标准以及部分国家碳排放相关法律的出台,我国大量船舶将因难以达到规定标准而被划入强制淘汰或优化的船型队伍中,从而面临退出营运市场的危险。[①]

将新能源用作船舶动力燃料是实现"绿色航运"的最直接有效的途径。新能源推进船舶与传统船舶相比,它除了能实现零排放外,还可以提高船舶能耗效率,并且在航运过程中所产生的噪声和振动更小,从而提高船员及乘客的舒适度。但是,新能源推进船的推广和应用仍有许多困难亟待解决,包括初期投入成本高、续航能力不足、相关配套设施建设滞后等问题。[②]

2.加快技术研发和创新

发展绿色航运,离不开绿色技术的掌握和应用。在"重碳经济"向"低碳经济"转型的全球未来发展总趋势下,安全、环保、节能的"绿色船舶"开发是大势所趋。而我们的航运技术的研发和利用都与绿色航运要求具有较大的差距,如船舶绿色化、航运活动的机械化、自动化、信息

---

①刘镇:"绿色航运浪潮对我国航运业的影响及其应对策略",《集装箱化》,2013年第13期,第1～4页。
②刘继海、肖金超、魏三喜、冯东英:"绿色船舶的现状和发展趋势分析",《船舶工程》,2016年增刊2,第33～37页。

化程度不高,航运材料的使用与绿色航运倡导的可重用性、可降解性也存在相当大的差距。①

　　航运技术是绿色航运发展的支撑力量。强化船舶优化设计技术研发和创新是提高我国航运业水平的关键因素。针对我国大型船舶配套设备和关键零部件生产能力不足、新能源技术水平较低等问题,我国航运业界应努力加快技术研发和创新,推进新一代节能环保型船舶投入营运,为航运业可持续发展提供强有力的技术支撑。②

　　推动绿色船舶技术创新应用是中国船级社(CCS)的坚定目标。CCS正努力引领航运业实现绿色低碳转型,通过广泛推广清洁能源,力求将环保型船舶塑造为全球绿色航行的典范。为了更好地服务业界,CCS围绕风力旋筒助推、硬质翼面风帆助推、空气润滑/气层减阻、高效螺旋桨、节能附体、余热回收利用、太阳能光伏等船舶能效提升关键技术和船载碳捕集技术开展了广泛研究,编制形成了十多项应用指南,并可提供全方位的技术评估、原理认可和实船入级服务。③

　　目前,芬兰海工机械巨头瓦锡兰的调查显示,全球三分之二的航运公司已经启动了数字化战略,其中69％已经开始尝试应用数字化技术解决方案。随着全球低碳转型脚步加快、"无人"服务需求日益增多,数字化技术正在成为航运业绿色转型的关键推动力。独立能源咨询和认证机构DNV指出,数字化技术可以让航运业脱碳变得"物美价廉"。据悉,DNV参与了一个"开放式仿真平台"的研发项目,在高品质的数字化场景中,通过数字孪生仿真技术,推动航运系统高效运营。另外,欧洲日前也启动了一个名为"绿色航运数字孪生"的项目,目标是利用物理模型、传感器等技术实现船舶减排仿真过程,助力2030年水路运输减排55％。该项目由欧委会资助,比利时数字化转型高级解决方案设计和开发商Inlecom负责实施,将创建逼真的船舶数字模型,并打造零排放运输虚拟测试平台,寻求对不同类型的船舶进行导航路线、机械和船体优化,通过实时管理进一步改进船舶运输系统的效率。④

3.绿色航运助力我国航运强国建设

　　近年来,绿色发展成为全球各国经济发展新动力,经多年努力,中国绿色发展已走在世界前列,绿色发展经验值得借鉴。航运污染是主要污染源之一,燃油作为航运运输主要成本,从源头控制污染问题对提高航运竞争力具有重要意义。国际海事组织海上环境保护委员会决定自2020年1月1日起正式实行限硫令,我国自2019年1月1日起已全面实施航运燃油低硫化。同时,在国际海事组织要求船用燃油硫含量(质量分数)不大于0.5％的基础上,我国要求内河航运燃油硫含量应不大于0.1％,在航运控硫方面我国已走在世界前列。在落实绿色航运过程中,船舶改造、加装废气脱硫设备、新船制造、寻找替代燃料或使用液化天然气(LNG)、低硫船用燃油生产等将催生一批新兴产业。我国庞大的航运市场将给企业带来新发展机遇,大大地提高航运企业竞争力。同时,绿色航运有利于提升我国航运业整体国际形象和品牌价值,有利于为企业赢得成本和发展优势。因此,绿色航运的倡议实施有助于我国航运强国建设。

---

①冯春宾、徐志刚:"我国绿色航运现状分析",《港口与航运》,2011年6月,第52~56页。
②刘镇:"绿色航运浪潮对我国航运业的影响及其应对策略",《集装箱化》,2013年第13期,第1~4页。
③薛龙玉:"擦亮航运业高质量发展的绿色低碳底色",《中国船检》,2024年第4期,第10~15页。
④王林:"数字技术开启'绿色航运'时代",《中国能源报》,2022年6月13日。

课后练习题

一、填空题

1.“十四五”规划中明确要求：围绕_____、_____、_____等领域突破一批关键核心技术。

2.“3·11”大地震后，日本政府加大力度推进_____研究领域的发展。

3.减少碳排放是进行绿色航运管理的重要任务之一，_____是发展绿色航运的核心要义。

4.改革_____系统结构是降低碳排放最有效的措施。

5.近年来日本的港航产业也以去碳化为目标，开始致力于开发和使用以不排放温室气体的_____、_____、_____等为燃料的船舶。

二、判断题

1.绿色航运是一种兼具可持续发展和环境保护内涵的航运模式，是国际航运业未来发展的战略方向。 （   ）

2.“绿色航运”就是指减慢航运速度。 （   ）

3.航运碳减排措施可主要从加强船舶管理、加强技术创新两个方面考虑。 （   ）

4.日本的海运业近百年来以使用属于重油的石油系燃料为主，由于在此过程中会排放大量的温室气体。因此，近年来日本的港航产业也以去碳化为目标，开始致力于开发和使用以不排放温室气体的氢、氨、液化天然气等为燃料的船舶。 （   ）

5.以石油系燃料作为船舶动力会排放大量的温室气体，因此，突破技术壁垒，减少石油系燃料产生的温室气体排放量，是实现“绿色航运”的最直接有效的途径。 （   ）

三、思考题

结合以下内容，查阅资料，谈谈什么是绿色航运。

绿色航运是一种兼具可持续发展和环境保护内涵的航运模式，是国际航运业未来发展的战略方向。航运活动与生态环境紧密相关，绿色航运实则就是强调开展航运活动要确保良好的环境绩效，减少环境污染。减少碳排放是进行绿色航运管理的重要任务之一，航运去碳化是发展绿色航运的核心要义。

四、论述题

结合教材，自主查找并阅读相关资料，简述“智慧海洋”的概念，并举例说明有哪些智慧海洋技术。

第十四课

中日代表性港口的发展历史与建设现状

核心知识点

1.中国的重要港口；
2.日本的重要港口。

导读

由于地理位置的原因,历史上中日两国无论是进行商业往来还是文化交流,向北必须跨越渤海和黄海,往南则要横渡东海或南海。从这个意义上讲,中日之间无论是人来还是物往,都必须依赖于海上航线。历史上无论是徐福、鉴真东渡,还是遣隋、遣唐使臣西来,两国都是依靠东方海上丝路进行商业往来和文化交流的。江户幕府时期虽实行了锁国政策,但日本唯独允许中国、荷兰的商船入港进行贸易。新中国成立以后,为促进中日海上贸易往来和两国人民的友谊,1964 年,中国远洋海运集团的货船"燎原"号曾满载我国出口货物从青岛港起航,抵达日本。"燎原"号的出航不仅打开了现代中日海上贸易的大门,也推动了两国关系向着更加友好的方向发展,是现代中日海上交流的重要一步。20 世纪 70 年代的中日友好之船的互访又进一步促进了两国间的友好往来。如今,"一带一路"的共同建设更是为中日两国的海上交流与合作提供了政策导向,使多领域、多形式的合作开发成为可能。港口作为海上丝路重要的节点,是海上往来的枢纽和进出口货物的主要集散地,在海上航线网络中有着举足轻重的作用。

一、中国重要港口

中国的沿海 40 多个主要港口已建成万吨级泊位 700 余个,年吞吐货物 20.6 亿吨、4736 万标准箱。上海、宁波—舟山、广州、天津、青岛、大连、秦皇岛、深圳等港口,均已成为吞吐量超过亿吨的国际大港,其中,上海、深圳的集装箱吞吐量分别为 1128 万标准箱和 1065 万标准箱,分别居世界第三位和第四位。我国的远洋商船队,已航行在世界上 160 多个国家和地区的 600 多个港口,开辟通往世界各主要港口的定期班轮航线 100 多条,中国已成为全球航运界的关注焦点。世界航运专家普遍认为,21 世纪的国际航运将是中国人的航运,中国将成为世界最大的集装箱航运中心。

1.上海港

上海位于中国东部海岸线的中点,扼长江入海口。开埠以前已是"江海之通津、东南之都会",在南码头、董家渡和十六铺一带,形成了上海航运的中心。不过该时进出的仍是各种木帆船,码头设施简陋,以土石堆砌的伸向水中的踏步式码头为主,货物装卸全凭肩挑背扛,处于港口的原始发展阶段。自 1843 年开埠后,抵港的外国商船载重量大、吃水深,没有码头可以卸货,只能抛锚于黄浦江上,通过驳船再把商船上的货物运到岸边。为了满足停靠船舶的需要,经过英国领事的交涉,从苏州河到洋泾浜 2900 英尺(约 884 米)长的浦西沿岸供洋船停泊、装卸货物,中国船只能在浦东沿岸通过。最先到上海经商的怡和、仁记、宝顺、裕记等英商洋行在黄浦江边新月形的滩边,建筑起了 10 余座简易的石砌驳船码头。英国居留地(即后来的英租界)当局也成立了"道路码头委员会",为洋行建设了 4 座驳船码头,这是边缘码头扩展阶段。

随着近代轮船运输业的兴起,轮船逐步取代帆船、夹板船,船舶吨位从平均 600 吨左右,上升到平均 800~1000 吨,简易的石砌驳船码头已经不适应轮船发展的需要。从 19 世纪 60 年代开始,外商在水位较深,适合轮船停靠的黄浦江虹口、浦东一带,开始构筑铁质、钢质或钢筋混凝土的轮船码头。1861 年英商宝顺洋行、美商旗昌洋行捷足先登,率先在虹口修筑码头,随即各国纷纷效仿。在法租界外滩,第一个建筑码头的是法国火轮船公司,码头位于浦西东南部(今延安东路外滩至新开河之间的黄浦江沿岸一带),全长 535 米,1865 年落成,称为法兰西码头。

到 1870 年,洋商在虹口、浦东及法租界、十六铺等地,相继建筑了 20 座轮船码头,向装运煤、油、茶叶的专业化方向发展。其中以英商怡和洋行修筑的公和祥码头的规模最大,它拥有虹口、顺泰、华顺、其昌东栈和西栈 5 座码头。码头即使在水位低潮时,水深也有 20 多英尺(约 6.10 米),因此号称可以装卸任何种类的货物,接受任何船只。该时期的洋船停泊范围,上游推进至十六铺,下游延伸到提篮桥。到 1900 年,洋船停泊界又扩展至龙华到吴淞的广大区域,比最初扩大了 40 多倍。

由此,近代上海港分成了苏州河口以南、以北、浦东和内河四大部分,其业务各有侧重。苏州河口以南港区,在轮船招商局购买旗昌轮船公司后,主要是中国船只聚集之地,内有仍存的旧时木帆船和以客运为主的本国轮船;苏州河以北港区则多为外商码头,停靠外国远洋及行走中国沿海和长江航线的客货轮;浦东港区因地旷人稀,以油栈码头和煤码头等占地规模大的码头仓栈居多;内河港区则是行走苏杭等城镇乡村的内河小轮船在苏州河口内侧两岸的停靠之所。它们互有侧重,互为联系,形成港岸线长、内外贸衔接、江海内河航运配套的基本态势。

2.天津港

天津地处华北东部,位居京城近畿,很早便是重要的海运和河运码头,"九河下梢天津卫"说明了其内河航运的便利。近代开埠以后,原有的三岔口内河港区难以适应新的需要,各国洋行纷纷投资航运业,在紫竹林租界附近的海河沿岸,陆续建造码头、仓库。初期码头多为砖木结构,岸壁构造多为片石和厚木板所筑,成垂直型,便于轮船直接靠岸。紫竹林码头的发展,使天津港的航运中心,从三岔口一带转移到紫竹林租界。

《辛丑条约》签订后,西方列强在天津大肆建立和扩展租界,海河沿线长达 15 千米的岸线都被占领。为了发展航运贸易,各国都竞相整理河道,裁弯取直、加宽河面、修整堤岸、填平沼泽、构筑道路和建设仓库,从而使天津租界地区的码头建设,又有了较大的发展。1892—1901

年,英国在原有码头的基础上,又修建了长度为 1039 英尺(约 317 米)的新码头和 222 英尺(约 67 米)的河坝。至 1903 年,租界区的海河河道,普遍加宽到了 259 英尺(约 79 米)以上,为大船的转头创造了条件;1910 年,英租界码头建立了第一架岸壁式钢结构固定起重机,大大便利了大件货物的装卸。同一时期,法租界也建设了货栈和 2900 米的码头。德、奥、比、俄等国租界的沿河地带,也建了不少码头。可以说,紫竹林租界码头岸线的加长,奠定了近代天津港区的基本轮廓。

抗日战争时期,日本占领天津后,为了运输掠夺战略物资的需要,在塘沽修建新的码头,天津泊船和航运中心开始从海河上游的市区两岸向塘沽的新码头迁移,天津港的吞吐能力大为提高,这奠定了天津作为口岸城市的基本模型。由于其广阔的腹地范围及河流运输条件,天津成为北方毫无疑问的龙头港口。20 世纪 30 年代,天津港的腹地范围,包括河北、山西、察哈尔、绥远及热河、辽宁等省,都成为它的直接市场圈,同时山东、河南、陕西、宁夏、甘肃、吉林、黑龙江诸省的一部分,划归它的势力范围以内。

3.青岛港

从 19 世纪末开始,作为租借地的大连、青岛,分别被俄国、德国和日本先后占领,为了满足其殖民侵略和掠夺的需要,这些国家不惜巨资来筑堤、修路、修建港口。

德国占领胶州湾的目的,不仅要把它建设成为在远东的军事根据地,而且还要使之成为在远东的商业根据地。具体策略是在总体上加强军事殖民统治,同时又采取自由港的经济形式。因意大利热那亚港是一个半圆形的港池,恰好与青岛港湾的形状相似,德国海军当局决定仿照该港的模式建造青岛港。

从 1901 年到 1908 年,德国海军当局先后在青岛建成了小港、大港、船架港以及第一、第二和第五码头。码头建筑为木桩基混凝土式,在大港和小港都设有防波堤。在大港内建有堆栈 7 座,后方仓库 15 座。此外还配有自来水栓和救火栓。建成后的青岛大港包含的水域面积达 390 多万平方米。在第一、二码头可以同时停靠 12 艘 6000 吨级的轮船,还可以同时装卸 7 万吨的货物。在第五码头,建成了当时设备齐全、先进的青岛造船所,拥有当时世界一流、亚洲最大的 1.6 万吨副船坞。船坞长 125 米,外宽 39 米,可容纳万吨以上的船舶进行修理。另外,在码头上还建有 150 吨的电动吊车,用于装卸货物。

到 1914 年日本从德国手中夺取青岛前,青岛港码头建设已初具规模。1899 年进出青岛港的轮船不过 182 艘,至 1912 年,进出港口的轮船增至 902 艘,已经居于全国港口中的前六位。青岛港的对外贸易额,在北方各港中位列第三,在全国占据第六、第七位。青岛港依靠胶济铁路,20 世纪 30 年代的辐射腹地范围,以铁路沿线和济南市场区为直接腹地,间接腹地扩展到了济宁以南运河沿岸地区、临清卫河沿岸地区、沂州地区、海州地区等。

4.广州港

广州是我国古代海上丝绸之路最重要的始发港之一,是一个历经 2000 多年而不衰的港市。以城带港,以港兴城,港城结合,互动发展,这是广州城市发展历史的一条主线。广州之所以在很长历史时期内保持我国最重要的对外贸易港口的地位,除了有政治经济方面的因素之外,更有自然地理方面的原因。北靠南岭,南濒大海,三江汇集,腹地广阔,这样的形势使古代广州具备极其优越的交通地理条件。①

秦汉时期,广州古港是中国对外贸易的港口。唐宋时期,"广州通海夷道"是远洋航线。清朝,广州成为中国对外通商口岸和对外贸易的港口。1978年以来,广州港发展成为中国综合运输体系的重要枢纽和华南地区对外贸易的重要口岸。据2017年综合相关信息显示,广州港由海港和内河港组成。广州海港包括内港港区、黄埔港区、新沙港区、南沙港区等四大港区和珠江口水域锚地,广州内河港由番禺、五和、新塘三个港区组成。截至2018年8月,广州港已通达世界100多个国家和地区的400多个港口。

广州港主要服务于华南地区特别是珠江三角洲地区,我国加入WTO后,三角洲地区在经济全球化浪潮中正加快融入国际经济大循环。随着三角洲率先实现现代化战略的逐步实施,以及三角洲增创新的地缘优势和综合生产成本较低的优势的凸现,三角洲参与经济全球化竞争的能力将逐步提高,该地区经济将继续保持快速增长的势头。腹地的社会经济发展形势为广州港提供了增强服务能力、提升主枢纽港地位的发展机遇。

根据内外环境与港口具体特点,广州港的发展战略应是"优势领先,结构优化,全面创新,总体扩张"。具体而言,继续发挥华南地区最大能源原材料枢纽港的作用,为该地区的经济发展提供能源原材料运输服务;发挥地处三角洲中心的地理优势,充分利用三角洲水网发达的特点,为三角洲各地区经济发展提供货物中转的作用;大力发展内贸集装箱运输,为三角洲与我国北方沿海地区的经济交流提供集装箱货物的运输服务;与香港、深圳港一起共同承担我国华南地区集装箱的运输任务。充分发挥内贸集装箱枢纽港的作用,并利用靠近集装箱生成地的优势,适时发展远洋集装箱运输业务。②

5.大连港

大连位于辽东半岛南部,东濒黄海,西临渤海,与山东半岛隔海相望,地理位置和自然条件得天独厚。它虽然地处北方,但具有海洋性气候,冬季无严寒,夏季无酷暑,年平均温度在7摄氏度左右。大连海岸线曲折,港湾岛屿众多,且多是岩岸,使港湾具有水深、港阔、不淤、不冻等特点。此外,由于雨季短、台风少,大连港的海上作业时间之长,在世界港口中也是少见的。大连港腹地广阔,是我国南北水陆交通运输的枢纽,也是驰名中外的重要国际贸易港口之一。

大连港始建于1899年,距今已有百余年的历史。近代时期的大连港命运多舛,先后遭沙俄、日本等国的长年侵占。1945年,抗日战争取得胜利,随着东北的解放,大连港也得到了回归。新中国成立后,国家对大连港多次进行了扩建、改建和整修。1976年,大连港在鲇鱼湾建成中国第一座大型原油出口码头,新建和扩建了外轮航修站、供油站、供水站、客运站,对铁路系统也进行了整修和扩建,并增开了舱口作业线,拉开了大连港大规模发展建设的序幕。20世纪80年代,大连港先后重点扩建了香炉礁港区、开辟了和尚岛和大窑湾深水港区。2001年,大连港进入中国7个亿吨大港的行列。为了适应现代化建设事业需要,2005年,大连港老港区开始搬迁改造。现在大连地区已不止大连港一个港口,而是一个以大连港为中心,由北良港、旅顺港、长兴岛港、花园口港、皮口港、庄河港等众多港口围绕的港口群。

大连港主要包括大窑湾、大连湾、大港、长兴岛、旅顺等五大港区,现有生产性泊位86个,

①梁国昭:"广州港:从石门到虎门——历史时期广州港口地理变化及其对城市空间拓展的影响",《热带地理》,2008年第3期:第247～252页。
②陈志民:"珠江三角洲港口群发展态势分析——广州港发展战略",《暨南学报》,2002年第6期:第42～47页。

年通过能力 2.7 亿吨。大连港的主要货种有石油、煤炭、粮食及金属矿石等。2019 年,大连港进一步完善了海上航线布局,新增 4 条外贸航线,加强与俄、蒙、日、韩及东南亚地区的贸易往来。

大连港作为一个综合性港口,在港域面积、泊位数、吞吐量等方面处于中国和东北亚港口的领先地位。作为辽港集团的牵头单位,大连港肩负着建设东北亚国际航运中心、推动区域港口协同发展的重要任务。除了有良好的城市基础,大连港的发展也具有良好的政策优势,辽宁省"十四五"规划中明确提出了"支持大连港建设东北亚国际航运中心,推动多港联动一体化发展"的目标。这些都为大连港发挥龙头作用,带动辽宁港口整合创造了优越的条件。①

二、日本重要港口

四面环海的日本有着众多优良港湾。据统计,日本目前共有 993 个港口。其中国际战略港 5 个,国际据点港口 18 个,重要港口 102 个。长崎港、神户港、横滨港、博多港与大阪港,都与中国有着密切的商贸交流。

1.长崎港

日本长崎港历史悠久,在江户幕府实行锁国政策时仍然允许中国商船入港,迄今一直是在中日航运与商贸往来中发挥重要作用的著名港口。

长崎港位于日本九州西北端的长崎市。1571 年开港的长崎港首先开放给葡萄牙人作为贸易港,是日本最古老的港口之一。长崎地理位置优越,与我国上海相隔仅 800 公里,自古就与中国大陆和朝鲜半岛交往密切。在日本闭关锁国时代作为与海外贸易唯一窗口的长崎,因为与中国和荷兰的贸易而变得繁荣起来。江户时代的长崎不仅是贸易中心,更是兰学等西洋文化流入日本的窗口。当然当时的交流不仅限于物品,也包括先进的建筑技术、绘画技巧和饮食文化等。由中国赴日僧侣超然奠基的日本国宝级寺院崇福寺、由中国僧侣如定设计的日本最古老的双孔石拱桥、眼睛桥,长崎市的地方菜肴チャンポン(什锦面)等,都是长崎历史上受中国文化影响深远的鲜明例证。1858 年根据《日美修好通商条约》江户幕府开放了长崎、神奈川等港口作为通商口岸。明治时期长崎港发展成为停靠上海、澳大利亚、菲律宾、北美等众多航路船舶的港口。1923 年,更是开通了长崎至上海的定期航线。可以说现在极具异国风情的长崎正是从古至今长崎与海外频繁交流的见证。1951 年,长崎港被认定为日本重要港湾,与战后振兴日本经济的同时,作为基干产业的造船业的生产规模逐步扩大,与此同时,港口货物交易量也增加起来。1970 年,长崎市完成了工业用地填海工程,100 万吨级船坞等大型造船设施的建设工作也随之得到有序开展。

如今,长崎港成为每年有 200 余艘游轮停靠的观光据点,已经成为中、韩、俄等国贸易与观光的重要港口。2020 年,长崎市松枝町观光码头开始建设可同时停靠 2 艘 16 万吨级游轮的泊位,来进一步加强邮轮收容能力。在 2021 年迎来了开港 450 周年的长崎港,今后更是有望成为东亚的门户港湾。

---

① 鲁渤、路宏漫:"大连港积极推动辽宁港口整合对策研究",《大连干部学刊》,2021 年第 8 期,第 60~64 页。

2.神户港

神户港是世界大港之一。地处日本列岛中心地区的神户港有 40 多条通往世界各地的航线,国内航线更是密如蛛网。除了海运物流以外,神户港作为被市民喜爱的港口,也致力于客运邮轮的发展。

历史上,日本神户港曾经创造过诸多的"第一",它是我国与日本缔结的第一个友好港口,也曾是日本第一大贸易港。著名的中日友好之船曾经从这个港口出航,来到中国进行友好访问。神户港位于兵库县神户市,神户市是日本兵库县的首府,与大阪、京都一起构筑了西日本经济的核心地区。自古神户的海运业就非常发达,神户港于 1868 年开港,以造船、贸易、机械制造为中心发展起来。神户港地理位置优越,海岸线长达 30 公里,平均水深 12～13 米,可停泊各种船只,是日本的天然良港。自开港以来,就是日本对外的一个重要门户。20 世纪 50 年代,神户开始致力于码头的现代化建设,成为日本最大的贸易港。1964 年,"燎原号"首次抵达日本时曾停靠神户港。随着中日两国邦交正常化,1973 年,天津与神户成为首个中日友好城市。1974 年,"神户、天津友好之船"来到中国进行友好访问。1980 年,天津港与神户港结为友好港口。1990 年,实现了神户与天津的定期客货班轮"燕京轮"的开航。目前,神户港仍是日本对中国贸易的主要港口,在中日两国交流中发挥着至关重要的作用。虽然 1995 年的阪神大地震使神户港遭到严重破坏,但灾后仅用两年时间就完成了所有港口设施的重建。现在,神户港是日本五大国际战略港口之一,也是日本最繁忙的集装箱港口之一。

为保证港口长期繁荣,早在 20 世纪 80 年代中期,神户港就制订了一个面向未来的宏伟的港口总体发展规划"港口文艺复兴计划"。计划中提出要以最新观点最大限度地拓展和强化港口功能,主要是港口的运输、工业、贸易和城市功能。按照该计划的目标,在 1997 年完成了第一个人工岛港岛二期工程的建设,建成了 5 个大型集装箱专用泊位,每个长 360 米,水深 14～15 米。到了 2006 年,随着神户机场的运营和神户—关西海上巴士的开通,形成了海陆空广域交流据点。神户作为重要的国际都市,今后也将致力于国际港湾城市的建立。

3.横滨港

日本横滨港位于日本神奈川县,坐落在日本第三大城市横滨市。横滨港是日本神奈川县最大的港口。江户时代末期,由于美国黑船来航,江户幕府结束了闭关锁国的状态,横滨开始成为国际社会的窗口。1859 年,横滨港作为国际贸易港开港。自开港以来,除了欧美人,不少中国人也从广东、香港、上海等地移居横滨。现在,横滨有着日本最大的唐人街。1973 年,横滨与上海结为友好城市,在庆祝友好城市缔结十周年之际,1983 年,横滨港与上海港又结为了友好港口。1990 年横滨港又与中国东北最大的港口大连港结为友好港口。友好港口的缔结推动了三个港口之间更为密切的协作与交流。现在,横滨港是日本五大国际战略港口之一,是与美、中及东南亚诸国等超过 60 个国家和地区进行贸易的国际重要港口。2019 年,为了庆祝中日海运首航 55 周年和新中国成立 70 周年在横滨市举行了盛大的纪念庆祝活动。

自 1859 年开港以来,横滨港就一直是日本最重要的国际贸易港之一。目前港口陆域面积 2700 公顷,海域面积 7700 公顷,共有泊位 250 个。集装箱、汽车、木材、海鲜、加工企业等专用码头占全港码头总数的 65% 以上。横滨属于内需型港口城市,主要为国内大型制造业中心提供原材料、能源物资和产品的进出口服务。20 世纪 90 年代以后,随着世界航运船舶大型化、航线主干线与经营联盟化,横滨港不断新建扩建了可以全天候接卸第六代集装箱船舶的专用深水泊位。2001 年横滨港通过在本牧码头进行突堤间的填海工程,建成了一个由 2 个深水泊位组成的新集装箱码头,占地 37.5 公顷,仓储能力 1.7 万 TEU,平均水深 16 米,可以容纳10000 TEU 集装箱船舶作业;码头还配备了 5 个当今世界上最大的集装箱桥吊,岸臂总长 63米,基本满足了横向载箱能力为 22 排的超大型集装箱船的作业要求。目前,横滨港已拥有 21个集装箱泊位,成为日本最大、亚洲最深的集装箱码头,是世界著名的集装箱港口。①

4.博多港

博多,古称那之津,是作为大宰府外贸港口发展起来的日本最古老的港口之一。在中国唐代,作为贸易港,博多的知名度也很高,称其为"霸家台""八角岛"。博多港和宁波港对接,"博多津唐房"的中国人多数来自浙江,唐高僧鉴真东渡日本期间,明州(宁波)多次成为他的"跳板",日本僧人去中国求法,也大多先到浙江宁波,因其附近的天台山在佛教上的特殊地位,使宁波成了日本僧人极为向往的先到之处。

作为九州的大门,博多港占据了重要的位置。博多湾内,两边有突出的半岛作为天然屏障,很少受到来自太平洋洋面上风浪的影响,潮流也较平缓。在日本不少地区,地震、台风等自然灾害是家常便饭,而在博多港却基本上没有发生,自古以来博多港就是一个天然良港。它不仅在支持以福冈市为核心的九州经济上起到重要作用,而且因为毗邻中国和其他亚洲国家,也将作为日本同世界联系的枢纽港口中起到重要作用。

九州岛面积 4 万平方千米,人口 140 万。在九州内陆生产活动覆盖许多领域,包括轮胎、马达、化工产品、办公设备和其他高科技产品如集成电路等,所有这些都通过博多港运往世界各地。另外,最近几年主要的日本汽车制造商进入九州后,汽车制造业已经系统的建立。汽车商的到来使博多港成为汽车工业本国配置的基地。

在路运方面,博多港通过高速公路连接长崎、佐贺、大分,使博多港仅 40 分钟就到达东西和南北高速公路的连接处。通过福冈进行货物交换,从任何一个码头到此处仅需 20 分钟,提高了货物进港的能力。另外,由于连接博多到新潟港的货运线路计划开通,博多港同北海道岛的货运网也将通过日本海建立。博多港同亚洲各城的距离,离釜山仅 200 千米,而离高雄、上海和大连在 1500 公里以内,离马尼拉也在 2500 公里。

历史上博多港就作为日本和其他亚洲国家相连的门户而开展了服务,由于这些亚洲国家的经济取得了显著的进步和日本同它们的出口不断增长,博多港仍能保持更重要的 地位。②

5.大阪港

大阪港位于大阪湾大三角洲的西端,与日本最大的港口神户遥遥相望。这个生气勃勃、常年不冻的深水良港,现拥有 180 个泊位,全年进港船舶 88000 艘,货物吞吐量达 8533 万吨,与上海港并驾齐驱,超过比利时的安特卫普港,已步入世界大港之林。

大阪港具有十分悠久的历史,早在 1400 年前,大阪就是一个港市,它和中国、朝鲜各港口有着密切的来往。那时,大阪叫浪速或难波,后来又叫难波津,津就是河口或港口的意思,至今大阪市内有一处最热闹的地方就叫难波。难波津也曾经是通过遣隋使和遣唐使和中国与新罗进行交流的窗口。16 世纪七八十年代,丰臣秀吉统一日本后采取奖励贸易、治理河川等措施,

①王建红:"日本东京湾港口群的主要港口职能分工及启示",《中国港湾建设》,2008 年第 1 期,第 63~66、70 页。
②秋水:"世界港口",《港口科技动态》,1998 年第 2 期,第 41~49 页。

大阪才逐步发展成一个繁盛的港口,改名为大阪。

大阪港是日中贸易的大门。1972 年 4 月,这里的第二号码头就开设为日本最早的中日航线优先码头。1974 年 4 月,上海和大阪结为友好城市,两港亦结为姐妹港,贸易往来日趋频繁。1979 年,装有两国贸易进出口货的进港船舶数达 430 艘次,其中中国船为 180 艘次,日本船为 250 艘次,货物吞吐量近 90 万吨。1979 年 3 月,大阪港方制订了一个发展日中贸易的远景规划,他们决定对中日航线优先码头——第二号码头的近邻区填海造地,扩建码头,增加泊位,另外在南港开设中日航线集装箱、滚装船、成套设备、钢材、食品等专用码头。①

大阪港不仅积极吸引远洋运输船舶,而且努力吸引沿海运输船舶,加强自己的西日本基地的功能。值得一提的是该港在吸引车辆货物方面所取得的成效。该港积极吸引汽车专用船,努力将北港北部地区舞洲的白津码头建成关西地区的汽车、建设机械的物流基地。与货柜货物一样,吸引车辆货物的关键是充实滚装船等的沿海运输网。汽车和建设机械不仅扩大了汽车专用船的运输需求,而且在大阪港旧汽车装入货柜运输,每月估计在 500 TEU。旧汽车等现在是运输物流业界大力争取的货物,如果营销工作做得好,大阪有望在作为综合物流港口方面有进一步的飞跃。②

课后练习题

一、填空题

1.上海港苏州河以北港区多为_____码头,停靠外国远洋及行走中国沿海和长江航线的客货轮。

2._____是我国古代海上丝绸之路最重要的始发港之一,是一个历 2000 多年而不衰的港市。

3.1571 年开港的长崎港首先开放给_____作为贸易港,是日本最古老的港口之一。

4.江户时代的长崎不仅是贸易中心,更是_____等西洋文化流入日本的窗口。

5.江户时代末期,由于美国"_____"事件,江户幕府结束了闭关锁国的状态,横滨开始成为国际社会的窗口。

二、判断题

1.广州因其政治经济因素,在很长历史时期内保持我国最重要的对外贸易港口的地位。
( )

2.广州港的起源可追溯至清朝。 ( )

3.长崎港在江户幕府实行锁国政策时暂停了中国商船入港。 ( )

4.历史上,日本神户港曾经创造过诸多的"第一",它是我国与日本缔结的第一个友好港口,也曾是日本第一大贸易港。
( )

5.博多港曾经是通过遣隋使和遣唐使和中国与新罗进行交流的窗口。 ( )

---

① 任唯铿:"上海的姐妹港——大阪港",《航海》,1981 年第 1 期,第 29 页。
② "迅速发展的大阪港",《水路运输文摘》,2003 年第 6 期,第 16 页。

三、思考题

结合以下内容,查阅资料,思考广州港在古代海上丝绸之路上发挥了怎样的作用。

广州是我国古代海上丝绸之路最重要的始发港之一,是一个历 2000 多年而不衰的港市。以城带港,以港兴城,港城结合,互动发展,这是广州城市发展历史的一条主线。广州之所以在很长历史时期内保持我国最重要的对外贸易港口的地位,除了有政治经济方面的因素之外,更有自然地理方面的原因。北靠南岭,南濒大海,三江汇集,腹地广阔,这样的形势使古代广州具备极其优越的交通地理条件。

四、论述题

结合教材,自主查找并阅读相关资料,简述长崎市及长崎港有哪些深受中国文化影响的例证。

第十五课

21世纪海上丝绸之路与中日海洋命运共同体

核心知识点

1. 21世纪海上丝绸之路的概念意义；
2. 中日海上合作现状；
3. 中日构建海洋命运共同体的意义。

导读

2013年金秋,我国提出了"21世纪海上丝绸之路"的倡议。海上新丝路连接中国、东南亚、南亚、西亚、东非和欧洲,多文明在此交融、互鉴。与古代海上丝绸之路相比,海上新丝路首先新在"21世纪"这一面向未来的时间坐标。当今世界,经济全球化深入发展,区域一体化风生水起,国际格局的诸般深度调整和变化,呼唤着更加公平公正的国际秩序。如何确保21世纪成为和平、发展和繁荣的世纪,是所有国家都在思考的时代课题。作为东亚地区具有影响力的国家,中国和日本更应围绕海洋政策与管理加强对话交流,相互借鉴学习,在"海洋命运共同体"理念下着眼于国际地区局势的演变和中日关系的大局来看待中日之间的海洋问题以及海洋合作,积极引领本地区多边关系稳定发展。

一、21世纪海上丝绸之路

东南亚地区自秦汉时期开通"海上丝绸之路"以来,一直是海上丝路的重要枢纽和组成部分。为进一步深化中国与东盟的合作,着眼于中国与东盟建立战略伙伴十周年的历史起点,我国于2013年提出"21世纪海上丝绸之路"的倡议。2015年3月28日,国家发展改革委、外交部、商务部联合发布了《推动共建丝绸之路经济带和21世纪海上丝绸之路的愿景与行动》,其中提出:"利用长三角、珠三角、海峡西岸、环渤海等经济开放程度高、经济实力强、辐射带动作用大的优势,加快推进中国(上海)自由贸易试验区建设,支持福建建设21世纪海上丝绸之路核心区。充分发挥深圳前海、广州南沙、珠海横琴、福建平潭等开放合作区作用,深化与港澳台合作,打造粤港澳大湾区。推进浙江海洋经济发展示范区、福建海峡蓝色经济实验区和舟山群岛新区建设,加大海南国际旅游岛开发开放力度。加强上海、天津、宁波—舟山、广州、深圳、湛江、汕头、青岛、烟台、大连、福州、厦门、泉州、海口、三亚等沿海城市港口建设,强化上海、广州等国际枢纽机场功能。以扩大开放倒逼深层次改革创新开放型经济体制机制,加大科技创新力度,形成参与和引领国际合作竞争新优势,成为'一带一路'特别是21世纪海上丝绸之路建设的排头兵和主力军。发挥海外侨胞以及我国香港、澳门特别行政区独特优势作用,积极参与和助力'一带一路'建设,为我国台湾地区参与'一带一路'建设做出妥善安排。"①

21世纪海上丝绸之路建设,将以海洋为载体,进一步串联、拓展和寻求中国与沿线国家之间的利益交汇点,激发各方的发展活力和潜在动力,构建更广阔领域的互利共赢关系。海上丝绸之路的重点建设方向将从中国沿海港口向南,过南海,经马六甲、龙目和巽他等海峡,沿印度洋北部,至波斯湾、红海、亚丁湾等海域。即以东盟及其成员国为依托,辐射带动周边及南亚地区,并延伸至中东、东非和欧洲。推动海上丝绸之路建设,就是通过海上互联互通、港口城市合作以及海洋经济合作等途径,把中国和沿线国家的临海港口城市串联起来,互通有无。一方面,这将有助于夯实中国与沿线国家的经济合作基础,形成面向海洋、联通欧亚大陆的全方位对外开放新格局;另一方面,也有利于中国—东盟自由贸易区建设的升级和区域全面经济伙伴关系(RCEP)建设,造福中国与东盟及其他沿线国家。

21世纪海上丝绸之路建设将有利于增进各方互信,促进地区和平与稳定。当前,世界经济政治重心加速向亚太地区转移,亚太地缘格局步入深度调整期,各方利益有交织、有重叠,甚至还有冲突。中国倡导建设21世纪海上丝绸之路,旨在通过加强与沿线国家的沟通与协调,构建能够反映各方共同关切、符合各方总体利益、顺应地区各国人民共同期待的利益共同体,为塑造和平稳定、合作发展、互利共赢、平等互信的亚太新格局提供积极导向和正能量支持。与此同时,21世纪海上丝绸之路与横贯欧亚的"丝绸之路经济带""孟中印缅经济走廊"和"中巴经济走廊"连为一体,纵横开拓,相得益彰,将极大地增强中国和相关国家发展本国经济和抵御外部经济风险的能力。海上丝绸之路建设也将涉及非传统安全领域合作,其推进将有助于维护海洋安全。②

从世界交通史的角度来看,古代中日两国之间的航运交通与贸易路线,是海上丝绸之路的重要组成部分。公元前2世纪,中国即已开辟到达日本、东南亚和印度洋的海上航线,与许多国家建立了海上初步联系,这是中国走向世界的第一步。公元前1世纪,日本列岛出现了许多部落小国,与汉朝有密切交往的国家30余个。中日航海贸易带来的文化传播与融合,对于中日两国经济与社会发展的促进作用,更为21世纪海上丝绸之路建设与发展带来了诸多思考与启示。

首先,从地理位置上来看,中国和日本隔海相望,中国沿海居民东渡日本的航海活动,早在公元前2、3世纪已经开始,自古以来,航海活动就是中日两国之间政治、经济、文化不可或缺的交流方式。早在秦汉时期,我国的造船技术就已经比较发达,徐福东渡开辟的航海路线,以东海为中心,所以也被称为"东海丝绸之路"。东海丝绸之路比以广州为起点的"南海丝绸之路"早几十年,因此徐福也被认为是开辟"古海上丝绸之路"的代表。日本也因此成为海上丝绸之路东线的起点。历史上中日航海文化交流与商贸往来,本质上也是海上丝绸之路繁盛的缩影。

其次,真正将"丝绸之路"这一新名词做了学术化、概念化阐释的是日本学者,日语中,有"絹の道"这样的说法,还有翻译英语"silk road"的外来语"シルクロード"。20世纪60年代,

---

① 王学锋、陈扬:《中国航运史话》,上海交通大学出版社,2021年,第117~118页。
② 刘赐贵:"发展海洋合作伙伴关系——推进21世纪海上丝绸之路建设的若干意见",《国际问题研究》,2014年第4期,第1~8页。

日本学界掀起了"丝绸之路"研究的热潮,进而,日本学者三杉隆敏在描述陶瓷器的海上运输路线时使用了"海のシルクロード"这一说法,后来被翻译为"海上丝绸之路"。到了 20 世纪 80 年代,在海外交通史研究中,"海上丝绸之路"一词逐渐成为中外学术界广泛接受的概念,学界一般将其作为"丝绸之路"概念在海上的延伸,即"丝绸之路"的海上贸易通道。

日本的丝路研究者们已经明确形成这样的观点,即丝绸之路是东西方文明交流的桥梁与交通干线,正是有这样一条交通大动脉,才有了各种不同文明与发展层次间的交流,今天许多国家仍在进行艰辛、复杂的摄取工作,不论精神文明成果还是物质文明成果都是如此,故而有学者把丝绸之路称为"求道之道"。这样的观点形象生动,含义深刻,引人思考。日本东洋史家内藤湖南强调了中国文化对日本文化生成的作用,指出:"从东亚整体来考虑,存在中国这样一个巨大的文化中心,其文化向四周传播,催生了周围各国的文化,形成了新的文化。"他还指出:"中国的周围有很多民族,那些形形色色的民族几乎都比中国发展滞后,在中国文化的影响下,它们各自创造了属于自己的文化。"中国社会内部的发展变动必然涉及周边其他国家,周边各国也会对中国社会产生历史性的影响。这些议论显然都是从国家间交流互动的角度出发的,也是对文明交流交往与交错本质的根本性认识。①

二、中日海洋合作

中日海上交流交往的历史可以追溯到 2000 年前,在漫长历史进程中,中华文明与大和文明不断交互影响,形成了具有共融性、互利性的东亚地区海洋秩序模式,树立了东亚区域合作与文明互鉴的典范。近代以来,日本先后两次发动侵华战争,使两国关系一度被笼罩在战争阴霾之下。历经半个世纪的风雨后,在双方共同努力下,中日关系得以恢复并步入正常轨道。各领域交流合作取得丰硕成果,不仅造福了两国人民,也惠及亚洲和整个世界。实际上,中日两国在海洋领域有着较多的历史契合点,蕴含着大量合作机遇,也拥有广阔的合作空间。

例如在渔业方面,在 20 世纪 70 年代,中日双方就在东京签订了《中华人民共和国和日本国渔业协定》,对渔业开发做出了明确规定,以便于共同开发利用东海的渔业资源。中日协定中规定,单船主机功率超过 600 马力的拖网渔船和超过 660 马力的灯光围网船,不得进入协定规定的海域内捕鱼。同时,通过协商,中日两国还划定了 2 个休渔区,3 个拖网保护区和 2 个灯光围网保护区,在规定时间内限定渔船数量,并对其中的 1 个灯光围网保护区采取特殊的保护措施。比如,规定幼鱼标准,并对幼鱼在渔获物中的最高比例做出限定,甚至对于渔网的网目大小、参与共同进行灯光围网捕捞作业时每组渔船的船数、捕捞时为聚集鱼类而使用的灯光的光照度等都做出了细致规定,并协议共同遵守。此外,中日两国还多次举行渔业联合会议,就东海的渔业资源进行了认真的评估,确定了生物极限值,以便更好地保障鱼类的繁衍和成长。在东亚地区,作为一衣带水的近邻,韩国也在渔业作业与水产捕捞方面与中国、日本建立着深切的竞争与合作关系。20 世纪 90 年代后期,为了适应国际海洋新秩序的建立,中国、日本和韩国,三国政府分别批准了 1982 年《联合国海洋法公约》,并宣布建立各自的专属经济区和大陆架区域,拉开了中日韩三国间海洋划界的序幕。从此,中国、日本和韩国对黄海和东海

①陈奉林:"东方历史视野下的海上丝绸之路",《社会科学战线》,2022 年第 5 期,第 110～122 页。

渔业资源的开发和利用进入了一个全新的阶段。中日韩三国还就200海里专属经济区问题分别签订了《日韩渔业协定》《中韩渔业协定》和《中日渔业协定》。

中日海洋合作还体现在海洋生态环境治理方面。事实上,中日两国已签署了多条环境治理方面的合作协定,如于1980年签署《中日科学技术协定》,1988年达成建立中日友好环境保护中心的协议,1994年签署《环境保护合作协定》,1998年中日两国签署《21世纪环境合作联合公报》和《面向21世纪环境合作联合公报》,该公报成为中日两国加强环境领域合作的指导性和里程碑文件,成功推动中日环境合作进入21世纪。2007年中日双方签署《关于进一步加强环境保护合作的联合声明》,进一步实现了黄海、渤海和长江流域等重要水域水污染和海洋浮游垃圾的防治合作,以上双边条约是中日国际合作的重要规范基础。

1977年日本环境代表团访问中国标志着中日环境合作序幕正式拉开。自1980年中日签署《中日科学技术协定》以来,中日环境合作经历了40余年已经取得了一系列成果。1980年日本向中国提供了环境技术援助,包括污染控制、污染监测、水源保护和水生生物保护技术援助等。1996年中日双方协商成立中日环境合作综合论坛,中日友好环境保护中心也在这一时期正式投入运行,在中日环境合作起到了积极的作用。2016年起,中日两国政府决定开展海洋垃圾的治理合作,建立以海洋垃圾为研究对象的专家合作对话平台。2019年,中日联合举办了第十一轮中日海洋事务高级别磋商会议,双方同意在中国开展有关海洋垃圾的源头、成分等重点问题的联合调查并且继续加强该领域的交流。中日友好环境中心计划在2016—2021年开展建设环境友好型社会项目,对水环境管理、环境教育、环境影响评估等所有环境领域相关课题开展研究。2022年10月,中日友好环境保护中心与日本国际协力机构中国事务所共同举办了中日固体资源利用与固体废物污染防治政策交流会。2022年9月,中日友好环境保护中心与日本国际协力机构中国事务所签署了新一期合作备忘录,代表着新时期环境合作的开始。[①]

海洋是各区域之间彼此相连的整体,中日海洋生态环境跨境合作,要聚焦海洋生态合作具体内容和行动方案,可从以下三个方面触发合作的新发力点。

1.共谋海洋环境治理合作项目

近年来,中日两国在环境保护开展了广泛而深刻的交流与合作,这些渠道主要通过ODA(官方开发援助)、绿色援助计划、政府间合作、政府与非政府组织之间的联系。而在海洋环境治理方面,应当抛弃以经济发展优先的错误观念,从资源节约、环境保护出发,深度关注海洋生态环境保护层面,将重点放在对于海洋生态环境的治理,推动中日在陆源污染、船舶污染、海洋倾倒废物污染、海上石油开采污染、海上焚烧污染、海底资源开发污染等各类海洋污染方面开展合作。

2.共建中日海洋保护区

在中日海洋生态环境治理跨境合作的过程中,必须以低敏感度海洋环境合作领域为渠道和突破点,规避政治敏锐性、历史根源性和岛屿岛礁争议等重要障碍。通过对地中海地区、墨西哥湾海域等合作治理模式的研究发现,海洋保护区建设很有可能是中日两国在海洋生态环境治理合作的突破口和关键,可以从建设具有海洋生态影响力以及具有一定区域社会经济、历

---

①曲亚囡、冯兰娜:"中日海洋生态环境治理跨境合作与展望",《中国渔业经济》,2023年第3期,第56~62页。

史文化影响力的海洋保护区入手,寻求中日发展的共同利益。

3.促进中日城市点对点合作

中日双方在城市环境治理和改善的合作过程中建立了一些友好环境城市,包括沈阳与川崎,重庆与广岛,大连与北九州等城与城之间的环境治理与合作交流,并取得良好成果。在海洋生态环境治理跨界合作过程中,也可仿照采取中日沿海城市点对点的方式,互帮互助,协同治理,引导社会组织、民间团体、个人等多主体参与海洋生态环境治理,两地共同探讨治理政策,提高治理效果,以期实现沿海沿岸海洋生态环境治理的互通性和一致性。①

三、中日构建海洋命运共同体

在庆祝中国人民海军成立 70 周年之际,我国首次提出了"海洋命运共同体"的概念,并强调指出:"我们要像对待生命一样关爱海洋。中国全面参与联合国框架内海洋治理机制和相关规则制定与实施,落实海洋可持续发展目标。中国高度重视海洋生态文明建设,持续加强海洋环境污染防治,保护海洋生物多样性,实现海洋资源有序开发利用,为子孙后代留下一片碧海蓝天。"作为近邻的中日两国,无疑是"海洋命运共同体"的重要组成部分。中日海上合作势在必行,此主张有力地推动了中日关系进一步改善。

中日两国作为东亚海洋命运共同体的重要成员,具有共同的责任和使命。海洋合作是促进中日关系进一步发展的重要途径之一。双方可以加强在海洋环境保护、海洋资源开发利用、海洋科研等方面的合作,共同应对海洋面临的挑战,推动海洋可持续发展。

东亚海洋命运共同体是"人类命运共同体"和"海洋命运共同体"理念在东亚海洋领域中的扩展和延伸,是结合东亚各国海洋发展历史和海洋合作经验所提出的创新理念。中日两国作为东亚海洋命运共同体的重要成员,具有共同的责任和使命。海洋合作是促进中日关系进一步发展的重要途径之一。双方可以加强在海洋环境保护、海洋资源开发利用、海洋科研等方面的合作,共同应对海洋面临的挑战,推动海洋可持续发展。此外,中日两国还可以加强海洋文化交流,增进相互了解和友谊。通过深化海洋合作,中日两国不仅可以实现共同发展,还可以为东亚海洋命运共同体的建设注入新的动力,为地区和平稳定做出积极贡献。

东亚海洋命运共同体的内涵相当丰富,囊括了海洋经济、海洋科研、海洋治理、海上安全、海洋文化等领域的内容。构建东亚海洋命运共同体不仅能够推动东亚各国间的和平与合作,而且可以实现东亚各国人民与海洋和谐共生。构建这一共同体具有现实意义。

1.构建东亚海洋命运共同体有助于缓和东亚国家之间相对紧张的关系

近年来,东亚各国之间存在一些海洋主权争议和历史问题、利益纠纷,但这种争端不是东亚各国之间关系的全部,也不应破坏各国友好合作关系。东亚各国彼此邻近,是互相搬不走的邻居,友好相连,互利共赢。作为正在崛起的大国,中国在国际政治舞台上不断阐述自己外交政策的新理念和新思路,逐步缓和东亚地区的紧张局势。东亚海洋命运共同体的构建则为各方搁置争议、共同开发、实现互利共赢提供了新的指导理念,有助于缓和与周边国家存在的紧

---

① 曲亚囡、冯兰娜:"中日海洋生态环境治理跨境合作与展望",《中国渔业经济》,2023 年第 3 期,第 56～62 页。

张关系,促进东亚国家的共同发展。

2.构建东亚海洋命运共同体有利于东亚区域经济的持续发展

东亚各国要摒弃分歧,求同存异,共同致力于东亚自贸区的建设。现阶段,经济发展对东亚各国来讲尤为重要,东亚海洋命运共同体的构建会使得"一带一路"倡议在东亚各国之间更好地落实,东亚海洋命运共同体的构建能够使得东亚各国友好相处、互利互惠,促进各国的经济发展,最终实现互利共赢。

3.构建东亚海洋命运共同体有利于提高东亚地区海洋安全治理水平

构建东亚命运共同体能够推动各国共同组建海洋科学考察队,对东亚海域的海洋生物以及海洋生态环境进行考察,巩固海洋生态的和谐稳定。同时,有利于推动东亚各国组建东亚海上救援队,针对海上救助以及海运交通维护、海洋气象等方面积极展开合作,共同维护东亚海域的和平稳定。[①]

妥善处理中日海洋问题、构建惠及中日及各国人民的海洋命运共同体非一日之功,乃千秋之业,需要两国各界相向而行,持续合作,长期努力。今后,中日两国应继续密切高层及各层级交往,持续改善两国友好的民意基础,增强安全互信,妥善管控好双方分歧,推进中日战略互惠关系深入发展,共同构筑"海洋命运共同体",致力于地区稳定与繁荣发展。

📕 课后练习题

一、填空题

1.21世纪海上丝绸之路建设,将以_____为载体,进一步串联、拓展和寻求中国与沿线国家之间的利益交汇点。

2.在日语中,"丝绸之路"除了"シルクロード"之外,还有"_____"这样的说法。

3.近年来,中日两国在环境保护开展了广泛而深刻的交流与合作,这些渠道主要通过ODA、绿色援助计划、_____、政府与非政府组织之间的联系。

4.中日双方在城市环境治理和改善的合作过程中建立了一些友好环境城市,包括沈阳与川崎,重庆与广岛,大连与_____等城与城之间的环境治理与合作交流,并取得良好成果。

5.在庆祝中国人民海军成立70周年之际,我国首次提出了"_____"的概念。

二、判断题

1.21世纪海上丝绸之路的建设与日本无关。　　　　　　　　　　　　　　（　　）

2.中日在海洋领域的争端不断,开展合作较为困难。　　　　　　　　　　（　　）

3.目前,中日海洋合作仅体现在渔业方面。　　　　　　　　　　　　　　（　　）

4.中日双方在海洋问题上存在利益冲突,无法实现合作和共赢。　　　　　（　　）

5.东亚海洋命运共同体是"人类命运共同体"和"海洋命运共同体"理念在东亚海洋领域中的扩展和延伸,是结合东亚各国海洋发展历史和海洋合作经验所提出的创新理念。　　（　　）

[①]关业成、王晓洁:"东亚海洋命运共同体的构建条件及意义研究",《西部学刊》,2020年第17期,第16～18页。

三、思考题

结合以下内容，查阅资料，思考21世纪海上丝绸之路的提出背景及意义。

东南亚地区自秦汉时期开通"海上丝绸之路"以来，一直是海上丝路的重要枢纽和组成部分。为进一步深化中国与东盟的合作，着眼于中国与东盟建立战略伙伴十周年的历史起点，我国于2013年提出"21世纪海上丝绸之路"的合作倡议。21世纪海上丝绸之路建设，将以海洋为载体，进一步串联、拓展和寻求中国与沿线国家之间的利益交汇点，激发各方的发展活力和潜在动力，构建更广阔领域的互利共赢关系。

四、论述题

结合教材，自主查找并阅读相关资料，总结中日在哪些方面开展了海洋合作，分别取得了怎样的成效。

参 考 文 献

[1] ［日］木宫泰彦.中日交通史.陈捷,译.太原:山西人民出版社,2015.

[2] 江静,关雅泉.风月同天 中日人物与文化交流.杭州:浙江工商大学出版社,2021.

[3] 王晓秋,大庭修.中日文化交流史大系:历史卷.杭州:浙江人民出版社,1996.

[4] 王晓秋.近代中日文化交流史.北京:中华书局,1992.

[5] ［日］松浦章.清代帆船与中日文化交流.张新艺,译.上海:上海科学技术文献出版社,2012.

[6] ［日］松浦章.海上丝绸之路与亚洲海域交流(15世纪末—20世纪初).孔颖,编译.郑州:大象出版社,2018.

[7] 董志文.话说中国海上丝绸之路.广州:广东经济出版社,2014.

[8] 王学锋,陈扬.中国航运史话.上海:上海交通大学出版社,2021.

[9] 陈宇里,谢茜.中国航海史话.上海:上海交通大学出版社,2021.

[10] 孙光圻.中国古代航海史.北京:海洋出版社,2005.

[11] 何芳川.中外文化交流史:全2卷.北京:国际文化出版公司,2016.

[12] 白寿彝.中国交通史.北京:团结出版社,2011.

[13] 王勇.东亚文化环流十讲.上海:上海交通大学出版社,2018.

[14] 曲金良,柳和勇,张开城,等.中国海洋文化基础理论研究.北京:海洋出版社,2014.

[15] 辛加禾.航海文化.北京:人民交通出版社,2009.

[16] ［日］坂本太郎.日本史.汪向荣,等译.北京:中国社会科学出版社,2008.

[17] 王辑五.中國日本交通史.北京:文物出版社,2022.

[18] 杨槱.帆船史.上海:上海交通大学出版社,2020.

[19] 杨国桢.中国海洋文明专题研究:第一卷.北京:人民出版社,2016.

[20] ［日］羽田正.从海洋看历史:东亚海域交流300年.张雅婷,译.北京:民主与建设出版社,2023.